마르지 않는 지혜의 샘물 30년, 복음 안에서 길어 올린 말씀 칼럼

은혜로다
주의 은혜

강신용 지음

좋은땅

은혜로다 주의 은혜

ⓒ 강신용, 2025

초판 1쇄 발행 2025년 10월 18일

지은이	강신용
펴낸이	이기봉
편집	좋은땅 편집팀
펴낸곳	도서출판 좋은땅
주소	서울특별시 마포구 양화로12길 26 지월드빌딩 (서교동 395-7)
전화	02)374-8616~7
팩스	02)374-8614
이메일	gworldbook@naver.com
홈페이지	www.g-world.co.kr

ISBN 979-11-388-4851-0 (03230)

- 가격은 뒤표지에 있습니다.
- 이 책은 저작권법에 의하여 보호를 받는 저작물이므로 무단 전재와 복제를 금합니다.
- 파본은 구입하신 서점에서 교환해 드립니다.

은혜로다
주의 은혜

✳ 머리말

은혜, 무너진 우리를 다시 일으키는 힘

삶은 때때로 아무런 예고도 없이 무너진다. 굳게 믿었던 약속, 의지했던 사람, 애써 쌓아 올린 모든 것이 순식간에 무너져 내릴 때, 우리는 망연자실 그 자리에 주저앉고 만다. 바로 그 순간, 우리가 가장 약하고 초라한 모습으로 서 있을 때, 하나님은 조용히 다가와 손을 내미신다. 우리가 도움을 청할 겨를도 없이 먼저 내미시는 그 손길, 넘어진 우리를 일으켜 세우시는 그 힘―그것이 바로 은혜다.

은혜는 우리가 무언가 잘해서 받는 상이 아니다. 하나님 앞에 설 자격조차 없다고 느끼는 그때, 감히 바라지도 못했던 순간에 먼저 찾아와 우리를 붙드시는 것. 그것이 은혜의 본질이다.

이 책 『은혜로다 주의 은혜』는 그 은혜가 어떻게 우리의 삶에 찾아오고, 어떻게 우리를 붙들어 새롭게 빚어 가는지를 이야기한다. 우리는 흔히 큰 결심이나 완벽한 준비가 되어야 삶이 달라질 수 있다고 생각한다. 그러나 성경은 다르게 말한다. 진정한 변화는 우리의 결심이 아니라, 하나님의 은혜에서 시작된다고. 우리가 아무것도 가진 것 없이 망설이고 있을 때조차, 하나님은 이미 우리를 부르고 계셨다.

　이 은혜는 오래전 끝난 이야기가 아니다. 지금 이 순간에도 살아 숨 쉬는 하나님, 그분의 은혜는 오늘도 여전히 우리 곁에서 흐르고 있다. 하나님은 망설이던 아브라함의 손을 끝까지 붙들어 주셨고, 눈물로 베갯잇을 적시며 가슴을 치던 다윗에게 다시 일어설 길을 열어 주셨다.

심지어 예수님을 세 번 부인했던 베드로마저 끝내 포기하지 않으셨다. 나 또한 그들처럼 무너졌던 날들이 있었다. 하지만 바로 그 은혜가 나를 다시 걷게 했다.

이 책은 거창한 신학 이론을 말하려는 것이 아니다. 그저 우리 삶 속에 조용히 스며들어 있었지만, 어느새 잊고 지냈던 은혜의 순간들을 다시 함께 나누고 싶을 뿐이다. "하나님은 지금도 당신을 놓지 않으십니다." 이 글을 읽다가 문득, '아, 나도 하나님의 손에 붙들려 있었지' 하고 기억해 낼 수 있다면, 한동안 잊었던 그분의 손길을 다시 한 번 느낄 수 있다면, 그것만으로도 나에게는 충분한 기쁨이다.

모든 시작은 은혜로 열린다. 넘어진 그 자리에서 다시 일어서는 힘도 은혜이며, 삶의 마지막 숨결까지 우리 곁을 지키는 것 또한 하나님의 은혜일 것이다.

※ **목차**

머리말 5

제1부 나는 누구인가?
- 인생의 가장 깊은 질문 앞에서

제1장 왜 살아가는 게 이렇게 힘든 걸까? 12
제2장 운명의 갈림길, 당신의 주인은 누구인가? 33
제3장 믿음이 있다면, 삶도 달라야 하지 않을까? 47
제4장 버려진 진리, 율법에서 찾은 보물 62
제5장 나의 마지막은 어디를 향하고 있을까? 83
제6장 결국, 믿음이 운명을 바꾼다 98

제2부 나는 무엇을 해야 하는가?
- 삶의 방향을 묻다

제1장 지금 당신의 삶, 어디서부터 다시 시작해야 할까? 118
제2장 무엇에 마음을 걸고 살아가고 있는가? 130

제3장	진리를 따라갈 것인가, 편함을 선택할 것인가?	142
제4장	지금, 다시 씨를 뿌릴 때다	154
제5장	내일을 위한 걱정, 정말 그게 답일까?	167
제6장	당신의 가치는 어디에 기준을 두고 있는가?	184

제3부 은혜로다 주의 은혜
- 세상이 줄 수 없는 답을 만나다

제1장	하늘에 남는 삶을 살고 있는가?	204
제2장	진짜 예배는 삶을 어떻게 바꾸는가?	223
제3장	눈에 보이지 않지만, 이 땅에 존재하는 하나님 나라	231
제4장	값없이 주어진, 가장 값진 선물	247
제5장	당신을 끝까지 책임지는 분이 있다면 믿겠는가?	258
제6장	결국 남는 것 - 은혜로다, 주의 은혜	273

후기　298

제1부

나는 누구인가?
- 인생의 가장 깊은 질문 앞에서

제1장
왜 살아가는 게 이렇게 힘든 걸까?
요 10:25-33

채워지지 않는 갈증, 그 근원을 찾아 떠나는 여정

왜 이렇게 열심히 살아도 마음은 채워지지 않는 걸까? 최신 스마트폰을 손에 쥐고 직장에서 인정받으며 SNS 사진엔 '좋아요'가 쏟아지지만, 그 잠깐의 만족 뒤에 어김없이 밀려오는 이 허무함은 도대체 무엇일까? 세상은 눈부시게 질주하는데, 우리의 영혼은 왜 이토록 불안하고 공허한 그림자에서 벗어나지 못하는 것일까?

어쩌면 문제는 우리가 외면해 온, 마음 깊은 곳에 있는지도 모른다. 문득 스치는 죄책감, 가라앉지 않는 미움, 끝없는 비교가 낳은 결핍감—이 모든 것이 단순한 감정이 아니라, 우리 존재의 가장 깊은 곳에서 벌어지는 뿌리 깊은 갈등일지도 모른다.

우리는 이 불편한 느낌을 덮으려 필사적으로 움직이고,

세상의 방법으로 영혼을 채우려 애쓴다. 하지만 밑 빠진 독처럼, 그 갈증은 좀처럼 채워지지 않는다.

익숙한 위안을 넘어, 참된 해답을 향하여

다수의 한국인들은 유교와 불교의 흔적 속에서 살아간다. 조상을 기리는 제사는 유교의 흔적이고, "전생에 무슨 복을 쌓았기에"라는 농담 섞인 말은 불교의 업보 사상을 떠올리게 한다. 하지만 공자와 석가모니가 무엇을 가르쳤는지 제대로 아는 이는 많지 않다. 공자는 예절과 사회 질서를, 석가모니는 고통에서 벗어나는 길을 말했다. 하지만 이 가르침들이 우리의 깊은 내면, 그 끝없는 갈등을 과연 온전히 채워 줄 수 있을까?

이 지독한 허무와 영혼의 갈증에 대한 해답은 어디에 있을까? 우리가 지금껏 의지해 온 익숙한 사상들이 말하는 길이 정말 우리 마음의 빈 곳을 채울 수 있는지, 그 명백한 한계부터 들여다볼 필요가 있다. 그럴 때 비로소 그 너머에서, 우리의 가장 근본적인 질문에 응답하는 새로운 길이 보이기 시작할 것이다. 이제, 그 길을 향한 첫걸음을 함께 떼어 보려 한다.

인간의 길을 묻다, 공자의 가르침

사람은 왜 살아야 하는지, 어떻게 살아야 하는지를 끊임없이 묻는다. 세상이 어지럽고 인간관계가 복잡할수록, 삶의 기준과 도덕적 질서를 찾으려는 마음은 더욱 간절해진다. 그래서 우리는 먼저, 오랜 세월 한국인의 사상과 삶을 지배해 온 유교의 본질을 살펴볼 필요가 있다. 공자기원전 551-479는 인간의 도리를 세우고자 했다. 그는 하늘을 논하지 않았고, 구원을 말하지도 않았다. 다만 인간 사회가 조화를 이루기 위해 필요한 도덕과 질서를 가르쳤다. 공자의 사상은 종교라기보다 철학이었고, 신앙이라기보다는 인간의 품격을 강조한 윤리적 체계였다. 그는 한때 노나라에서 관직을 수행했으나 정치적 이상을 펼치지 못했고, 이후 여러 나라를 유랑하며 자신의 이상을 전하려 했지만 받아들여지지 않았다. 결국 그는 제자 양성에 전념했고, 그의 가르침은 제자들에 의해 『논어』에 기록되었다. 유교의 중심 개념은 '인仁'과 '예禮'이다. 인은 사람다움, 즉 타인을 사랑하고 존중하는 마음이며, 예는 인간관계를 조화롭게 유지하는 질서와 규범이다.

공자의 사상은 3강과 5륜이라는 구조로 사회 질서를 설명했다. 3강三綱은 위계적이고 가부장적 질서를 뿌리로 삼아, 임금이 신하를 다스리고君爲臣綱, 부모가 자식을 이끌며父爲子綱, 남편이 아내를 주도하는 것夫爲婦綱을 의미한다.

이 구조는 권위 중심의 사회를 정당화하는 데 사용되며, 유교가 가부장제를 조장했다는 비판을 받는 이유이기도 하다. 반면, 5륜五倫은 인간관계 속에서 지켜야 할 다섯 가지 기본 덕목을 제시한다. 부모와 자식 간의 친함父子有親, 임금과 신하 간의 의君臣有義, 부부 간의 구별夫婦有別, 어른과 아이 간의 질서長幼有序, 친구 간의 신의朋友有信이다.

물론 이러한 도덕 윤리는 사회 질서 유지에 기여한 바가 있다. 하지만 공자의 가르침은 어디까지나 인간 스스로의 노력으로 '바른 삶'을 이루려는 시도였다. 그는 초월적 세계나 신의 개입에 대해서는 침묵했다. 제자가 죽음 이후를 묻자 "삶도 모르는데 어찌 죽음을 알겠느냐未知生焉知死"고 답한 것은, 그의 사상이 철저히 현세 중심적이며 인간의 한계 안에 머물렀음을 보여 준다.

그래서 유교는 신이나 영혼, 구원과 같은 개념을 다루지 않는다. 유교는 신앙이 아니라 인간 중심의 철학이다. 착하게 살고, 예를 지키며, 서로를 존중하자는 것이 유교의 핵심이다. 그래서 유교는 겉으로 보기에는 '좋은 가르침'처럼 보일 수 있다. 그러나 인간의 윤리만으로는 결코 하나님 앞에 의로울 수 없다. 도덕은 사회를 다스릴 수 있어도, 죄를 용서하지는 못한다. 인간이 스스로 바르게 살려고 해도, 죄에서 벗어나지 못하는 이유는 죄가 단지 행동의 문제가 아니라 존재의 본질이기 때문이다. 결국 유교는 '더 나은 인간이 되라'는 도덕적 이상을 제시할 뿐, 죄로 인해 근본적으로 하나님과 단절된 인간의 실존적 문제를 해결할 능력은 없다. 인간의 선행이나 윤리적 노력만으로는 하나님 앞에서 의로워질 수 없으며, 죄의 용서는 인간의 영역이 아니다. 유교가 제시하는 길은 인간의 힘겨운 분투를 요구하지만, 복음은 하나님께서 먼저 다가오시는 은혜의 길이라는 점에서 근본적인 차이가 있다. 참된 구원은 인간의 품격이 아닌, 오직 하나님의 긍휼로 주어진다.

'나'를 비우는 석가모니의 깨달음: 그러나 죄는 어찌할까?

사람은 누구나 고통 없는 삶을 꿈꾼다. 누구는 명상을 하고, 누구는 수양을 하며, 누군가는 종교를 찾아 헤맨다. 고통의 원인을 깨달으면 삶이 달라질 것이라 믿기 때문이다. 그러나 그 깨달음이 죄를 해결하지 못한다면, 과연 진정한 자유를 누릴 수 있을까? 사람들은 삶의 무게를 이겨 보려고 고행을 하고, 수행에 힘쓰며, 어떤 깨달음을 얻으면 인생이 바뀔 것이라 기대한다. 그러나 아무리 깊은 깨달음을 얻는다 해도, 인간의 근본적인 죄 문제는 해결되지 않는다.

석가모니는 널리 알려진 바와 같이 네팔 카필라바스투의 정반왕 가문에서 태어난 왕자였다. 그는 29세에 세속을 떠나 출가하여 수행에 매진했고, 35세에 마침내 깊은 깨달음을 얻어 '부처'라 불리게 되었다. '부처'란 '깨달은 자'를 뜻하는 말이다. 그는 인간을 몸, 느낌, 생각, 의지, 의식이라는 다섯 가지 요소로 구성된 존재로 보며, 영혼이나 영구한 '나'는 없다고 가르쳤다상윳따 니카야 22.59. 제자 아난이 영혼에 대해 묻자, 그는 "고정된 영혼은 없으며, 모든 것은 조건에 따라 변한다"고 답했다상윳따 니카야 44.10. 그는 자신을 신이나 구원자가 아닌 '깨달음의 길을 가르치는 스승'으로 여겼고, 인간 스스로의 노력으로 고통에서 벗어나야 한다고 강조했다. 그러나 이러한 가르침은 결정적인 한계를 지닌다. 인간의 근원적인 죄 문제와 그로 인한 하나님과의 단절을 간과

하고, 오직 인간의 깨달음과 수행에만 의존하기 때문이다. 죄를 씻고 영생을 주시는 하나님의 은혜는 불교의 가르침 안에 존재하지 않는다.

카스트 제도와 윤회의 오류

석가모니는 당시 인도의 불평등한 카스트 제도를 비판하며 누구든 깨달음에 이를 수 있다고 주장했으나, 그가 제시한 윤회와 해탈의 길 역시 근본적인 한계를 지닌다. 윤회 사상은 끝없는 업보의 굴레를 전제하며, 인간의 죄 문제를 근본적으로 해결하는 대신 끊임없는 수행과 자기 수양이라는 무거운 짐을 지운다. 108번뇌의 뿌리가 탐욕貪, 성냄嗔, 어리석음癡에 있다고 보고, 이를 제거하여 '나'라는 집착自我에서 벗어나는 무아無我의 경지, 즉 열반에 이르는 것을 목표로 한다. 그러나 여기에는 죄에 대한 명확한 인식과 회개가 없으며, 따라서 죄 사함도, 구원도, 영원한 생명도 없다. 결국 불교는 인간 스스로의 노력으로 해탈을 이루려는 종교일 뿐, 하나님의 은혜와는 거리가 멀다.

이단 불교: 대승불교의 변질

석가모니 본래의 가르침은 『아함경』에서 보듯 단순하고 실천적인 수행, 즉 개인의 깨달음을 통한 고통 극복에 집중했다. 그러나 이 원형原型은 오래가지 못했다. 석가모니 사후 약 700년, 2세기경 나가르주나의 등장은 불교 변질의 결정적 분기점이 된다. 그는 힌두교와 인도 신화에 깊이 물들어, 모든 실체를 부정하는 '공空'이라는 형이상학적 안개를 불교에 드리웠다. 그의 중관학파는 석가모니의 실천적 가르침을 관념적 유희와 신비주의로 대체하기 시작했다. 이후 등장한 대승불교는 이러한 변질을 더욱 노골적으로 심화시켰다. 『반야경』, 『법화경』 같은 후대의 경전들은 석가모니가 단 한 번도 언급한 적 없는 개념들을 쏟아 냈다. 중생 구제를 내세운 보살 신앙, 사후세계로서의 극락, 현란한 우주론, 심지어 신격화된 부처불신, 佛身까지. 이는 명백히 석가모니의 가르침과는 이질적인, 완전히 다른 종교의 탄생이었다.

그 결과, 대승불교는 초기불교의 간결한 실천 윤리를 내팽개치고, '중생 구제'라는 그럴듯한 명분 아래 복잡하고 신비주의적인 종교 체계로 탈바꿈했다. 기독교 복음에 이질적인 사상이 침투해 그 본질을 왜곡하면 이단이라 칭하듯, 대승불교 역시 석가모니의 원래 가르침과는 너무도 동떨어진, 그 뿌리부터 심각하게 변질된 후대의 종교적 창작물일 뿐이다. 이것이 우리가 오늘날 접하는 대승불교를 석가모니의 원 가르침과 구별하여 '변질된 불교'라고, 아니, 어쩌면 '석가모니의 이름을 빌린 다른 종교'라고까지 불러야 하는 이유다.

석가모니의 가르침이 개인의 고된 수행을 통한 해탈에 초점을 맞췄다면, 대승불교는 여기에 온갖 신비주의와 철학적 사변을 뒤섞어 그 순수성을 완전히 상실케 했다. 7세기 중국 승려 현장이 동아시아에 전파한 것은 바로 이 대승경전들이었다. 그것은 석가모니의 실제 가르침이 아닌, 원본 없는 복사본, 혹은 심하게 왜곡된 그림자에 불과했다.

석가모니는 인간의 고통을 진지하게 고민했을지 모른다. 그러나 그의 가르침조차 인간 존재의 근본 문제, 즉 죄와 죽음의 사슬을 끊어 내지는 못했다. 불교는 결국 하나님의 계시를 떠나 인간의 불안정한 노력에 기댈 수밖에 없는 한계를 지녔는데, 이렇게 그 근본마저 변질된 대승불교는 이러한 오류를 더욱 치명적으로 확대하고, 인간을 구원이 아닌 더 깊은 혼돈과 미혹 속으로 끌어들일 뿐이다. 진정한 구원의 길을 제시하지 못하는 종교는 결국 영혼을 옭아매는 덫에 지나지 않는다.

무함마드의 길, 그 끝에서 만나는 모순과 그림자

그렇다면 전 세계적으로 강력한 종교 중 하나인 이슬람은 어떤 구원의 길을 제시하고 있을까? 무함마드570-632가 아라비아 메카에서 창시한 이슬람은, 그가 알라로부터 받았다고 주장하는 계시, 즉 『쿠란』을 경전으로 삼는다. 그러나 이슬람의 기원, 교리, 그리고 무함마드의 삶을 면밀히 살펴보면, 하나님의 진리와는 거리가 먼 심각한 영적·도덕적 문제점들이 드러난다. 대표적으로 『쿠란』은 스스로 모순을 안고 있다. 성경모세오경, 시편, 복음서을 하나님의 말씀으로 인정하면서도쿠란 5:44-47, 동시에 유대인과 기독교인이 성경을 왜곡했다고 비난한다쿠란 5:13-14. 수천 년 역사와 고고학적 증거로 신빙성이 입증된 성경과 달리, 『쿠란』은 무함마드 개인의 주관적 체험에 절대적으로 의존하기에 그 신뢰성에 근본적인

의문이 제기될 수밖에 없다. 이러한 모순은 결국 진리를 혼탁하게 만들어 사람들을 참된 길에서 멀어지게 한다.

이슬람의 구원관은 '다섯 기둥'으로 요약된다. 신앙고백샤하다, 기도살라, 자선자카트, 라마단 금식시움, 성지순례하즈라는 이 다섯 가지 의무를 성실히 지킴으로써 알라의 인정을 받고 구원에 이를 수 있다고 믿는다. 이는 결국 인간의 노력과 행위로 구원을 얻을 수 있다는 사상을 전제로 한다. 그러나 인간은 스스로 의로울 수 없는 존재다. 성경은 "모든 사람이 죄를 범하였으매 하나님의 영광에 이르지 못하더니"롬 3:23라고 선언하며, 하나님의 은혜 없이는 누구도 구원에 이를 수 없음을 분명히 말한다. 이슬람의 율법적 구원론은 이러한 은혜의 복음을 외면하고, 사람들을 참된 구원의 길에서 벗어나게 만든다. 무함마드의 삶 자체도 이슬람의 본질을 의심케 한다. 그는 종교 지도자를 넘어 수많은 전쟁을 이끈 군사적 정복자였으며,『쿠란』에는 "믿지 않는 자들과 싸우라"9:29는 명령처럼 지하드와 정복 전쟁을 정당화하는 구절들이 존재한다. 일부다처제, 전쟁 포로와의 결혼쿠란 33:50, 특정 부족에 대한 잔혹한 처사 등 그의 도덕적 행적 역시 하나님의 거룩함과는 거리가 멀다. 이는 이슬람이 신적 진리라기보다 인간의 욕망과 시대적 한계에 갇힌 종교임을 시사한다.

물론 『쿠란』과 『하디스』에 평화적 가르침이 없는 것은 아니다. 그러나 동시에 불신자에 대한 보복과 폭력을 명하는 구절쿠란 2:191, 8:12 등 또한 분명히 존재하며, 이는 역사적으로 이슬람의 정복 전쟁, 강제 개종, 샤리아 법에 기반한 억압 체제의 근거가 되어 왔다. 여성 인권 유린, 종교적 소수자 박해, 신의 이름으로 자행되는 테러 등은 하나님의 사랑과 화해와는 정면으로 배치된다. 결국 이슬람의 경직된 교리는 종교의 자유, 양성평등, 인간 존엄과 같은 현대 사회의 보편적 가치와 끊임없이 충돌하며 갈등과 불안을 야기한다. 결론적으로 이슬람은 『쿠란』 자체의 모순, 행위에 기반한 구원관, 창시자의 도덕적 문제, 폭력성을 내포한 교리, 그리고 현대 가치와의 충돌 등 여러 측면에서 하나님의 진리와는 거리가 먼 본질을 드러낸다. 인간의 노력, 세상적 권력, 불확실한 계시에 의존하는 이슬람은 참된 구원의 길을 제시하지 못한다. 우리는 이러한 한계를 직시하고, 오직 하나님의 말씀에 뿌리내린 은혜의 복음 안에 굳건히 서야 한다.

어둠 속에서 만난 참평화의 왕, 칸테의 증언

이처럼 교리적으로나 역사적으로 여러 문제를 안고 있는 이슬람이지만, 그 영향력은 여전히 강력하다. 서아프리카 감비아에서 15년간 사역한 이재환 선교사의 간증은 이슬람이 얼마나 견고한 벽인지 잘 보여 준다. 그가 언급한 한 미국인 선교사는 무려 60년 넘게 그 땅에서 사역했지만, 단 한 명의 회심자도 보지 못한 채 돌아갔다고 한다. 이슬람은 복음이 들어가기에 가장 단단한 토양 중 하나다. 그러나 하나님은 그 땅에도 여전히 진리를 갈망하는 영혼들을 찾고 계신다.

그 가운데 한 사람, 칸테가 있었다. 그는 철저한 무슬림으로, 부모의 소망대로 이맘이 되기를 꿈꾸며 자랐다. 어릴 때부터 성실하게 『쿠란』을 암송하고, 율법을 따르며 경건하게 살아온 사람이었다. 그런 그의 삶에 어느 날 복음이 들려왔다. 그 말씀은 기존의 모든 믿음을 흔들었다. 기독교는 아브라함이 이삭을 제물로 바쳤다고 가르치고, 이슬람은 이스마엘이라 한다. 그는 혼란과 충격 속에 밤새도록 알라 앞에 엎드려 기도했다. 분명히 둘 중 하나는 거짓일 것이라는 생각이 머리를 떠나지 않았다. 그날 밤, 칸테는 『쿠란』을 양손에 들고 방 안에 혼자 들어가 문을 걸어 잠근 채 기도했다. 진실이 알고 싶다고, 누가 참된 하나님인지 보여 달라고 간절히 매달렸다. 그렇게 눈물로 부르짖고 있을 때, 갑자기 환한 빛이 방 안을 가득 채우며 천사가 나타났다. 천사는 눈을 가린 채 그를 어디론가 이끌었고, 그는 말을 하고 싶었지만 입이 열리지 않았다. 그리고 눈을 떴을 때, 그는 지금껏 경험해 본 적 없는 황홀한 세계에 들어와 있었다. 말로만 듣던 천국이었다.

그곳에서 그는 아브라함과 수많은 선지자들을 만났다. 그러나 한 사람, 무함마드를 찾을 수 없었다. 그는 천사에게 "무함마드는 어디 있느냐"고 물었다. 그러자 천사는 말없이 아래 깊은 어둠을 손가락으로 가리켰다. "그는 저기에 있다." 그 말은 그의 모든 믿음을 무너뜨리는 충격이었지만, 더 이상 의심할 필요는 없었다.

이후 천사는 그를 온 우주를 다스리는 보좌 앞으로 인도했고, 하나님의 영광이 그 자리를 가득 채웠다. 그곳에서 그는 예수 그리스도를 만났고, 자신의 죄가 사함 받고 하나님의 은혜를 직접 체험했다. 다시 눈을 떴을 때, 그는 자기 방 안에 무릎을 꿇고 있었고, 눈물로 간증을 마친 그의 얼굴은 살아 있는 하나님의 구원이 오늘도 역사하고 있음을 증언하고 있었다. 이슬람은 죄를 인정하면서도, 그 죄를 스스로 씻으려 한다. 구원을 갈망하지만, 십자가 없는 구원을 추구한다. 자기 행위로 구원을 얻을 수 있다고 믿는 것은, 결국 은혜를 거부하는 것이다. 아무리 율법을 지켜도 죄는 온전히 용서받을 수 없다. 참된 구원은 인간이 노력해서 올라가는 길이 아니라, 하나님께서 우리에게 내려오신 은혜의 사건이다.

예수 그리스도는 십자가 위에서 "다 이루었다"고 선포하셨다. 더 보탤 것도, 증명할 것도 없다. 하나님의 아들은 그 피로 우리의 죗값을 대신 치르셨고, 그분을 믿는 자는 구원을 얻는다. 복음은 은혜의 소식이며, 이 세상의 어떤 종교도 대신할 수 없는 유일한 생명의 길이다

칸테의 회심은 말해 준다. 행위가 아닌 은혜, 인간의 의가 아닌 하나님의 긍휼이야말로, 진짜 구원의 길임을.

갈림길에서 만난 단 하나의 이름, 예수 그리스도

세상에는 수많은 종교와 철학이 존재하지만, 인간의 죄

를 씻고 새 생명을 주는 복음의 능력은 오직 예수 그리스도를 통해서만 나타난다. 천하에 구원을 약속하신 이름은 오직 하나, 예수 그리스도뿐이다. 그분은 누구시며, 왜 유일한 구원자이실까?

오직 예수, 구원의 유일한 길

하나님은 선지자들, 사도들, 그리고 천사를 통해 아들 예수님을 이 땅에 보내실 것을 약속하셨다. 천사 가브리엘은 요셉에게 이렇게 전했다. "아들을 낳으리니 이름을 예수라 하라. 이는 그가 자기 백성을 그들의 죄에서 구원할 자이심이라"마 1:21. '예수'라는 이름은 곧 '구원자'를 뜻한다. 모든 인간은 원죄 아래 태어나지만, 예수님은 성령으로 잉태되어 죄 없이 오셨다. 스스로의 죄도 해결하지 못하는 자가 어찌 타인의 죄를 대속할 수 있겠는가? 예수님만이 죄 없는 구원자의 자격을 갖추셨다.

예수님은 친히 자신을 구원자로 선포하셨다. "나는 부활이요 생명이니, 나를 믿는 자는 죽어도 살리라"요 11:25. 사도 베드로 역시 이렇게 증언했다. "다른 이로써는 구원을 받을 수 없나니, 천하 사람 중에 구원을 받을 만한 다른 이름을 우리에게 주신 일이 없음이라"행 4:12. 공자나 석가모니는 스스로를 단지 '구도자'라고 불렀을 뿐, 구원자라 칭하지 않았다. 오직 예수님만이 십자가 죽음과 부활로 죄와 사망의 권세를 깨뜨리시고, 십자가의 죽음과 부활로 영원한 생명의 길을 여셨다. 이 구원은 인간의 노력이나 공로가 아닌, 오직 은혜로 주어진다. 인간의 노력이나 공로로는 결코 닿을 수 없다. "주 예수를 믿으라. 그리하면 너와 네 집이 구원을 얻으리라"행 16:31. 회개하고 예수 그리스도를 구주로 믿을 때 죄에서 해방되고 하나님과 화목하게 된다. 그는 우리의 구원을 위해 오신 유일한 길이요, 진리요, 생명이시다.

보이지 않는 하나님의 보이는 증거

"하나님은 보이지 않으니 존재하지 않는다"는 말은 영적 세계에 대한 무지에서 비롯된 주장이다. 그러나 성경은 하나님과 천사, 그리고 사탄과 귀신들의 실재를 분명히 증언한다. 예수님께서 광야에서 사탄의 시험을 받으신 사건마 4:1-11, 병든 자와 귀신 들린 자를 고치신 수많은 기적은 이 보이지 않는 세계가 현실임을 보여 준다. 사도들도 성령의 권능으로 동일한 능력을 행하며 복음을 전했고, 지금도 성령의 역사는 계속되고 있다. 그러므로 "하나님을 보여 주면 믿겠다"는 말에 우리는 이렇게 대답할 수 있다. 하나님은 이미 자신을 보이셨다. 바로 예수 그리스도를 통해서이다. "그가 세상에 계셨으나 세상이 그를 알지 못하였고"요 1:10, 그분은 완전한 신성과 인성을 지니신 성육신의 하나님이시며, 우리를 구원하시기 위해 오신 유일한 구세주이시다. 그리고 그를 믿는 자에게는 하나님의 자녀가 되는 권세가 주어진다요 1:12.

예수께서 하나님의 아들이며 유일한 구원자이심을 증거하는 가장 확실한 표적은 바로 부활이다. 인간은 죄로 인해 죽음에 이르지만, 예수님은 죄 없으신 분으로서 죽음의 권세 아래 머물 이유가 없었다. 그분의 십자가 죽음은 비극이 아닌, 인류의 죄를 대신 지신 대속이었다. 그러나 사흘 만에 죽음을 깨뜨리고 다시 살아나셨다. 그것은 단순한 소생이 아닌, 썩지 않을 영광의 몸으로의 완전한 부활이었다. 부활하신 주님은 의심하던 도마에게 못 자국과 창 자국을 보여 주시며 친히 증명하셨고, 이 부활은 장차 우리에게도 주어질 영생의 보증이 되었다. 예수님은 승천을 앞두고 약속하셨다. "내가 떠나가면 보혜사를 너희에게 보내리니… 성령이 너희에게 임하시면 권능을 받고 땅끝까지 이르러 내 증인이 되리라"요 16:7, 행 1:8. 이 말씀대로 오순절에 성령이 강림하셨고, 그 임재는 하나님의 생명이 우리 안에 들어온 사건이었다. 성령으로 거듭나는 것, 이것이야말로 하나님의 나라에 들어갈 수 있는 유일한 조건이다. 교회에 다닌 연수나 직분이 아니라, "거듭나지 아니하면 하나님의 나라를 볼 수 없다"요 3:3 하신 주님의 말씀을 기억하라. 진정한 변화는 성령의 역사로 말미암는다.

성령으로 거듭난 자만이 하나님 나라의 백성

교회에 다닌 연수나 맡은 직분은 구원의 기준이 될 수 없다. 오직 성령으로 거듭난 자만이 하나님의 나라에 들어간다. 성령은 단지 감정을 일으키는 존재가 아니라, 우리 안에 내주하시며 삶을 새롭게 하시고, 믿음으로 살도록 인도하시는 하나님의 영이시다.

요즘에는 죽음을 경험하고 천국과 지옥을 보았다는 간증들이 많다. 그중에는 지옥에서 이름 있는 목사, 장로, 권사, 집사들을 보았다는 충격적인 이야기들도 있다. 믿기 어려운 이야기일 수 있으나, 한 가지 분명한 사실은 이것이다. 아무리 오래 교회를 다녔어도, 아무리 귀한 직분을 가졌어도, 성령으로 거듭나지 않으면 하나님의 나라에 들어갈 수 없다는 것이다.

거듭남은 외적인 신앙의 모양이 아니라, 성령의 내적 역사로 인한 근본적인 변화이며, 우리의 영원한 운명을 결정짓는 일이다. 한번 깊이 생각해 보라. 당신이 성령을 받았다는 그 사실 자체가, 예수님께서 승천하셨고 지금도 살아계신다는 가장 확실한 증거가 아니겠는가?

예수님은 마태복음 24장 등에서 전쟁과 기근, 질병, 사랑의 식어짐과 같은 종말의 징조들을 미리 말씀하셨다. 지금 우리가 살아가는 시대는, 그 징조들이 점점 더 뚜렷하게 드러나고 있는 때다. 예수님은 다시 오신다. 만왕의 왕, 공의로우신 심판주로 오셔서 온 세상을 심판하실 것이다.

생명책에 이름이 기록된 자, 곧 예수 그리스도를 믿고 따르는 자는 영원한 천국에 들어가지만, 믿음을 거부한 자는 둘째 사망, 곧 불못의 심판을 피할 수 없다계 20:15. 예수님은 우리의 유일한 소망이며, 참된 구원이시다. 어떤 종교도 죄를 대신 짊어지고 죽으셨다가 부활하신 예수님을 대신할 수 없다. 성육신하신 하나님이신 예수님은 지금도 성령을 통해 우리 안에 살아 역사하시며, 회개와 치유, 복음의 권능으로 하나님의 나라를 이루어 가고 계신다.

넘치는 은혜, 이제 삶으로 답할 때다. 그날이 언제일지는 아무도 알 수 없지만, 지금 이 시대, 곳곳에서 들려오는 징후들은 그날이 멀지 않았음을 분명히 보여 주고 있다.

그래서 스스로에게 묻지 않을 수 없다. 나는 지금, 단지 겉모습만 그리스도인인가? 아니면 성령으로 거듭난 참된 성도인가? 믿음은 눈에 보이지 않지만, 반드시 삶으로 드러난다. 유혹이 가득한 세상 속에서 은혜의 닻을 깊이 내리고, 끝까지 믿음의 항해를 이어가는 사람—바로 그가 주께서 찾으시는 참된 신자이다.

은혜로다, 주의 은혜! 잃은 자를 부르시고, 낙심한 자를 붙드시며, 우리를 생명의 길로 이끄신 그 은혜! 이 은혜는 우리를 가만히 기다리게 두지 않는다. 우리를 흔들어 깨우고, 조용히 묻는다.

그 은혜를 받은 나는, 지금도 그 은혜에 합당한 삶을 살고 있는가? 이제, 바로 그 질문에서 제2장은 시작된다.

제2장

운명의 갈림길, 당신의 주인은 누구인가?

롬 6:15-19

영원한 운명을 가르는 단 하나의 질문

은혜로 빚어진 참된 그리스도인은 하나님을 주인으로 삼아 영원한 소망을 향해 살아간다. 그러나 이 은혜의 길을 걷기 위해서는 먼저 한 가지를 깊이 돌아보아야 한다. 과연 지금 내 삶을 움직이는 것이 무엇인가? 토끼의 수명은 약 5년, 개는 15년, 사자와 호랑이는 20년, 소는 30년 정도라 한다. 학은 40년을 살고, 코끼리는 70년, 거북이는 150년을 넘기기도 한다. 인간의 수명도 점점 길어지고 있다. 불과 몇십 년 전만 해도 예순 살까지 살면 더 이상 바랄 게 없다고 했지만, 이제는 한국인의 평균 수명이 80을 훨씬 넘은 지 오래다. 그러나 아무리 수명이 늘어난다 해도, 동물은 생물학적 수명을 다하면 그 생이 끝난다. 하지만 사람은 그렇지 않다. 인간은 죽음 이후에도 끝나지 않는 존재다. 육신은 흙으로 돌아가지만, 영혼은 영원을 향해 나아간다. 결국 우리의 삶은 단지 이 땅에서 몇 해를 더 사는 문제로 끝나지 않는다. 훨씬 더 근본적인 질문이 남는다. 과연 나는 이 땅에서 누구를 주인으로 삼고 살아왔는가? 이 질문이 바로, 영원한 운명을 가르는 핵심이 된다.

내 삶의 왕좌, 누가 앉아 있는가?

하나님은 인간을 창조하시되, 만물을 다스리는 청지기이자 하나님의 형상을 닮은 특별한 존재로 지으셨다. 동물과 구별되는 지성, 감성, 의지를 지닌 영혼을 주신 것이다. 그러나 죄가 세상에 들어오면서, 하나님의 형상대로 지음 받은 영혼이 오히려 동물의 본능과도 같은 육체의 욕망에 지배당하는 비극이 시작되었다. 양심도 자비도 없이 약육강식이 지배하는 동물 세계처럼, 혹은 그보다 더 잔인하게, 육체의 본능이 영혼을 압도한 인간은 서로를 해치고 파괴하는 역사를 써 내려왔다. 육체의 소욕에 지배당하는 인간은, 하나님이 주신 존귀함을 잃고 동물 이하의 수준으로 추락한 것이다. 하나님은 육체의 본능을 절제하고 통제할 수 있도록 이성과, 양심을 주셨고, 그리고 주를 믿는 신자들에게는 율법과 복음까지 주셨다. 그러나 죄악으로 오염된 인간은 육체의 본성이 주도권을 쥐고 이성을 침묵시키고, 양심을 억누르며 육체가 지배하는 존재가 되고 말았다.

더 심각한 문제는, 예수를 믿는다는 이들조차 율법이 폐기되었다 주장하며 마음에 하나님 두기를 싫어한 채롬 1:28 육에 속한 삶을 살고 있다는 것이다. 성경은 그런 이들을 하나님께서 정욕과 더러움 가운데 내버려두셨다고 선언한다. "그러므로 하나님께서 그들을 마음의 정욕대로 더러움에 내버려 두사, 그들의 몸을 서로 욕되게 하게 하셨으니"롬 1:24.

하나님을 버린 인간은 결국 부끄러운 욕망에 사로잡혀 성도덕이 무너지고, 동성애를 비롯한 영적·윤리적 혼란에 빠진다. 이것은 단순한 윤리의 문제가 아니라, 하나님의 창조질서를 정면으로 거스르는 죄이다롬 1:26-27.

지금 우리는 시대정신이나 세상의 법을 논하려는 것이 아니다. 성경은 명확히 말한다. 하나님을 떠난 인간은 모든 피조물이 따르는 질서를 거슬러 스스로를 더럽히고 멸망을 향해 치닫는다롬 1:18-30. 성경은 죽은 동물을 만지는 것보다, 죄로 타락한 사람의 시체를 만지는 것이 7배나 더 부정하다'고 경고한다레 11:39, 민 19:11. 이는 인간의 죄가 얼마나 심각한지를 보여 준다. 바로 이 총체적인 타락에서 인류를 건지시기 위해, 하나님의 아들 예수 그리스도께서 두 번째 아담으로 오셨다. 그분은 십자가에서 자신의 생명을 대속물로 내어 주셨고, 누구든지 회개하고 주 예수를 믿는 자는 구원을 얻게 된다.

주님을 믿는다는 것은 단순히 "나는 예수를 믿습니다"라고 말하는 것이 아니다.

그것은 하나님의 부르심에 응답하여, 예수 그리스도를 내 삶의 참된 주인으로 받아들이는 것을 의미한다. 모든 인간은 죄 가운데 있는 한, 원하든 원하지 않든 세상 임금인 사탄을 주인 삼아 살아간다. 그러나 복음을 받아들이는 순간, 우리는 옛 주인 사탄에게서 떠나 하나님을 새로운 주인으로 모시는 회개와 회심의 길에 들어서게 된다.

주인을 바꾼 자에게 하나님은 성령을 보내시어 새 생명을 주시고, 믿음을 선물로 주신다. 성령께서 임하시면, 그분은 그 사람을 말씀의 원리로 다스리기 시작하신다. 그러나 마귀는 육체의 본능을 자극하며 성령의 지배에 대항한다. 성령은 악의 세력과 공존하지 않으시며, 그들과 영광을 나누지도 않으신다.

오늘날 많은 이들이 "예수를 믿는다" 말하면서도 율법은 폐기되었다 주장하며 육체의 본능에 굴복하고 있다. 그 결과 성령은 근심하시며, 때로는 떠나시기도 한다살전 5:19. 하나님은 그런 이들을 부끄러운 욕망 가운데 내버려두셨다고 성경은 경고한다롬 1:24. 주인을 바꾸지 않으면, 삶은 결코 바뀌지 않는다. 회심한 자가 말씀에 불순종하고 죄를 지을 때, 성령은 그 양심을 찔러 회개에 이르게 하신다. 반대로 주님을 사랑하고 말씀에 순종하며 성령의 음성에 귀 기울이는 자에게는 은혜와 기쁨이 넘치고, 성령의 충만함이 더해진다.

결국 우리의 삶을 이끄는 중심은 누가 주인이냐에 달려 있다. 그분이 하나님이시라면, 우리는 생명과 평안 가운데 살게 될 것이다. 그러나 여전히 육체가 왕 노릇하고 성령을 거스르는 삶을 산다면, 결국 죽음과 심판을 피할 수 없다.

둘 중 하나: 사탄의 종인가, 그리스도의 종인가?

인간은 독립적인 존재가 아니다. 영적인 영역에서 인간

은 반드시 누군가에게 속해 있으며, 사탄에게 속해 있든지 아니면 그리스도에게 속해 있든지 둘 중 하나일 뿐이다. 로마서 6장 17-18절은 이 상태를 "죄의 종이든지 의의 종이든지"라는 말로 설명한다. "너희가 본래 죄의 종이더니, 너희에게 전하여 준 바 교훈의 본을 마음으로 순종하여, 죄로부터 해방되어 의에게 종이 되었느니라." 이 말씀은, 인간이 본래는 죄의 종이었으나 복음에 순종함으로써 의의 종으로 옮겨졌다는 사실을 분명하게 보여 준다. 여기서 주목할 것은 '복음을 믿고'라고 하지 않고 '복음에 순종하여'라고 표현했다는 점이다. 이는 성경이 믿음을 단지 지적인 동의가 아니라 전인격적 순종을 포함한 결단으로 본다는 것을 뜻한다. 믿음은 곧 순종이다. 좀 더 구체적으로 말하면, 죄의 종이란 사탄의 종을 말하고, 의의 종이란 그리스도의 종을 의미한다. 영적 영역에는 중간지대가 없다. 회색지대는 없다. 오직 둘 중 하나다.

누가복음 16장에 나오는 '부자와 나사로'의 이야기는, 죄의 종과 의의 종을 가장 선명하게 보여 주는 예라 할 수 있다. 부자는 이 땅에서 재물을 의지하며 자기 힘을 믿고 살았던 인생이었다. 반면 나사로는 가난했지만, 하나님만을 의지하며 살아간 사람이었다. 두 사람 모두 죽었고, 각기 전혀 다른 영적 세계에 들어가게 되었다. 나사로는 의의 종으로 살았기에 아브라함의 품, 곧 천국에 안겼고, 부자는 죄의 종으로 살았기에 불이 타오르는 지옥에 떨어졌다. 이 이야기는 인생에는 두 가지 길만 존재한다는 사실을 분명히 보여 준다. 부자가 어떤 가문 출신이었는지, 얼마나 열심히 일했는지, 재물을 얼마나 모았는지, 혹은 좋은 일을 얼마나 했는지는 그의 영원한 운명에 아무런 영향을 주지 못했다. 모든 것을 결정지은 것은 단 하나—그가 누구를 주인으로 섬기며 살았느냐였다. 그는 하나님이 아니라 자신과 세상을 주인으로 삼았고, 그 선택이 그의 운명을 갈랐다.

사람이 얼마나 선량한지, 도덕적으로 얼마나 바르게 살았는지, 그것으로는 영원한 세계가 결정되지 않는다. 누구를 주인으로 섬겼는가—이 질문이야말로 인생의 사활을 결정짓는 핵심이다. 아무리 윤리적으로 흠이 없고, 많은 사람을 돌보며 살았더라도, 그가 그리스도를 주인으로 모시지 않았다면, 영원의 문 앞에서 좌절하게 된다. 테레사 수녀처럼 자비로운 삶을 살았든, 마하트마 간디처럼 존경받는 인물이었든 마찬가지다. 반면, 자주 넘어지고 부족하더라도,

회개와 믿음으로 그리스도를 따라가는 삶을 사는 이는 가장 값진 인생을 살아가는 사람이다.

내 주변에도 인격적으로 훌륭하고, 따뜻한 성품으로 약자를 돕는 친구가 있다. 그는 누구보다도 존경받을 만한 사람이다. 그러나 안타깝게도 그는 복음을 외면하고 예수님을 믿지 않는다. 아무리 아름다운 인격이라 해도, 그리스도를 알지 못한 삶은 결국 어둠 속에 머물 수밖에 없다. 인간의 선함은 우리를 구원하지 못한다. 오직 새로운 주인이신 예수 그리스도의 은혜만이 우리를 변화시키고 생명으로 인도할 수 있다.

우리는 아담 안에 있거나, 그리스도 안에 있다. 사탄의 종이냐, 그리스도의 종이냐—중간은 없다. 우리가 누구를 주인으로 삼고 살아가느냐에 따라, 삶의 방향뿐 아니라 영원한 운명이 결정된다. 그러므로 지금 이 순간, 나는 누구를 주인으로 섬기고 있는가? 이 질문 앞에 정직하게 서야 한다.

내 영혼의 주인, 어떻게 분별할까?

많은 사람들은 세상에는 수많은 종류의 인생이 있다고

생각한다. 농부로 사는 인생, 기업가로 사는 인생, 예술가로 사는 인생 등 다양한 삶의 형태가 있다고 여긴다. 그러나 성경은 전혀 다르게 말한다. 성경이 말하는 인생의 종류는 단 두 가지뿐이다. 죄의 종으로 사탄을 주인 삼아 사는 인생과, 의의 종으로 예수 그리스도를 주인 삼아 사는 인생. 이 둘만 존재한다. 그리스도를 주인으로 섬겨 거듭난 영혼을 가진 사람인지, 아니면 사탄을 주인으로 삼고 죽은 영혼으로 살아가는 사람인지에 따라 인생은 전혀 다른 길을 걷게 된다. 그 차이는 단순한 종교의 차이나 생활 태도의 차이가 아니라, 천국과 지옥을 가르는 차이다. 그렇다면 나는 지금 누구를 주인으로 삼고 살아가고 있는가? 이 질문에 답하기 위해, 스스로에게 몇 가지 중요한 물음을 던져 보자.

- 나는 철저히 회개한 사람인가, 아니면 회개는 했어도 여전히 죄의 습관대로 살고 있는가?
- 나는 하나님을 믿고 의지하고 있는가, 아니면 재물을 더 믿고 의지하고 있는가?
- 나는 순종으로 반석 위에 집을 짓고 있는가, 아니면 자주 불순종하며 모래 위에 집을 짓고 있는가?
- 나는 십자가의 좁은 길을 걷고 있는가, 아니면 불신자

들과 함께 넓은 길을 걷고 있는가?
- 나의 삶에서 가장 중요한 우선순위는 하나님인가, 아니면 돈과 일, 가족, 취미인가?
- 나는 용서하고 사랑하며 화평을 이루는 양의 모습으로 살고 있는가, 아니면 쉽게 미워하고 다투며 분열을 일으키는 염소의 모습으로 살고 있는가?

이 질문들 가운데 전자의 항목이 네 개 이상이라면, 당신은 하나님을 주인으로 삼고 사는 사람일 가능성이 크다. 그러나 세 개 이상이 후자에 해당된다면, 지금 이 순간 눈물로 회개하고 돌이켜야 할 것이다.

예수님은 말씀하셨다.

"나무는 그 열매로 안다."

사람의 행실은 그 영혼이 누구에게 속해 있는지를 그대로 드러낸다. 주님 당시의 바리새인들과 회심하기 전의 바울을 보라. 그들은 입으로는 하나님을 섬긴다고 외쳤지만, 실제로는 죄와 마귀의 종으로 살아가고 있었다. 예수님은 그들에게 단호하게 선언하셨다. "너희는 너희 아비 마귀에게서 났으니, 너희 아비의 욕심대로 너희도 행하고자 하느니라" 요 8:44.

그들은 겉으로는 흠잡을 데 없는 경건한 신앙인이었다. 그러나 사람의 마음을 꿰뚫으시고 중심을 보시는 하나님의 눈에는 그들의 교만, 음란, 탐욕이 적나라하게 드러났다. 겉과 속이 다른 외식, 사탄을 주인으로 섬기는 그들의 본모습이었다. 그래서 주님은 단호히 선언하셨다. "너희의 아비는 마귀다." 하지만 주님은 그들의 외식을 드러내신 데 그치지 않고, 참된 주인을 섬기는 자의 분명한 표징을 제시하셨다. "하나님께 속한 자는 하나님의 말씀을 듣나니 너희가 듣지 아니함은 하나님께 속하지 아니하였음이로다." 요 8:47 여기서 '듣는다'헬라어 '아쿠오는 단순히 소리를 듣는 것이 아니라, 말씀을 깨닫고 삶으로 순종하는 것을 의미한다. 바리새인들은 율법을 줄줄 외웠지만, 말씀의 참된 의미를 깨닫고 순종하는 '들음'이 없었다. 그래서 그들은 하나님께 속하지 않은 자들이었다.

하나님을 주인으로 섬기는 자와 마귀를 주인으로 섬기는 자를 가르는 기준은 단순하면서도 깊다. 바로 하나님의 말씀을 '듣느냐'이다. 말씀을 외우고, 신앙 고백을 되뇌며, 기도를 쏟아 내고, 봉사에 열정을 다해도, 말씀에 순종하지 않는다면 그 삶은 여전히 죄의 종, 마귀의 종에 머문다. 참된 신앙은 말씀을 듣고, 깨닫고, 순종으로 열매 맺는 삶이다.

새 주인을 만난 삶, 이렇게 달라진다!

당신은 섬기는 주인을 바꾸었는가? 아멘! 옛 주인인 타락한 천사 사탄에게서 벗어나 새 주인이신 그리스도께로 돌아왔다. 왜 옛 주인을 떠났는가? 그는 악한 자이기 때문이다. 사탄은 우리의 마음에 악한 생각을 심어 죄를 짓게 하고, 결국 멸망으로 이끈다. 주님은 마태복음 15장 18-20절에서 이렇게 말씀하셨다. "입에서 나오는 것들은 마음에서 나오나니 이것이야말로 사람을 더럽게 하느니라. 마음에서 나오는 것은 악한 생각과 살인과 간음과 도둑질과 거짓 증언과 비방이니 이런 것들이 사람을 더럽게 하는 것이요…" 모든 악의 시작은 '악한 생각'이다. 이 생각은 곧 말로 드러나고, 행동으로 이어진다. 살인과 간음, 거짓과 비방은 결코 갑작스레 나타나는 것이 아니다. 마음에 쌓인 악한 생각이 입술을 통해 흘러나오고, 결국 삶을 타락하게 만든다.

아무리 교회를 오래 다녔다 해도, 여전히 미움과 거짓, 음란과 비방을 반복하고 있다면 그는 아직 옛 주인의 지배 아래에 있는 것이다. 새 주인을 맞이한 사람은 생각부터 달라져야 한다. 그리스도께서 주시는 선한 생각이 마음을 지배하고, 그 마음은 입술과 행동을 거룩하게 이끈다. 주인을 바꾸면 인생이 바뀐다. 마음의 주인이 바뀌면 말이 바뀌고, 말이 바뀌면 행동이 바뀌며, 결국 삶 전체가 변하게 된다. 우리가 옛 주인을 떠나야 하는 가장 큰 이유는, 그에게는 아무런 소망이 없기 때문이다. 사탄은 이미 지옥의 판결을 받은 존재이며, 그를 따르는 자들도 마찬가지로 영원한 불에 들어가게 된다계 20:10. 그래서 우리는 주저하지 않았다. 옛 주인을 단호히 버리고, 영원한 생명의 주인이신 예수 그리스도께로 돌아온 것이다. 이것이 참된 회심이며, 인생의 전환점이다.

진정으로 주인을 바꾸었다면, 이제 우리는 더 이상 우리 자신의 것이 아니다. 우리의 머리카락 하나, 시간과 재능, 물질과 생명까지도 모두 주님의 것이다. 그러므로 우리의 삶의 목적도 바뀌어야 한다. 고린도전서 10장 31절은 분명히 말한다. "그런즉 너희가 먹든지 마시든지 무엇을 하든지 다 하나님의 영광을 위하여 하라." 이제 우리의 모든 행위는 내 유익이나 기쁨이 아니라, 주님의 영광과 기쁨을 위한 것이어야 한다. 왜냐하면 우리는 주님의 소유된 자들이기 때문이다.

바울은 고백했다. "우리가 살아도 주를 위하여 살고, 죽어도 주를 위하여 죽나니, 그러므로 사나 죽으나 우리가 주의 것이로다"롬 14:8. 이는 단순한 신앙 고백이 아니라, 삶 전체를 주님께 드리는 헌신의 선언이다. 예수 그리스도께서 우리를 위해 생명을 내어 주셨듯, 우리도 그분의 영광을 위해 살아야 한다. 우리는 이제 주님의 영광을 세상 속에 드러내는 존재다. 그러나 이 은혜는 고백으로 끝나지 않는다. 참된 믿음은 반드시 삶으로 증명되어야 한다. 주인의 영광을 드러내는 삶. 주님의 말씀에 순종하고, 그분의 뜻을 실천하는 삶. 바로 이것이 주인이 바뀐 자의 진정한 열매다. 그러므로 우리는 자신에게 물어야 한다. 나는 주님을 믿는다고 고백하지만, 그 믿음은 내 삶을 어떻게 바꾸어 놓았는가? 이제 우리는, 이 믿음이 어떻게 삶을 변화시키며 어떤 열매로 드러나는지를 깊이 살펴보아야 한다.

제3장

믿음이 있다면,
삶도 달라야 하지 않을까?

계 3:1-6

참된 믿음은 반드시 삶으로 드러난다

그리스도를 새 주인으로 모신 삶은 단순한 고백으로 끝나지 않는다. 그것은 삶 전체를 주님의 영광을 위해 드리는 실제적인 헌신이어야 한다. 우리는 은혜로 주님의 소유가 되었고, 그 소유됨은 반드시 우리의 삶을 통해 증명되어야 한다.

믿음은 결코 숨겨지지 않는다. 진짜 믿음은 말보다 삶에서 드러난다. 언행과 태도, 작은 선택들 속에 스며든다. 마치 어둠 속 방 안을 밝히는 등불처럼, 참된 믿음은 결국 빛을 비추게 되어 있다. 그리고 그 빛은, 반드시 선한 열매로 이어진다. 보이지 않는 믿음은 없다.

보이지 않는다면, 믿음이 없는 것이다.

마음과 행실, 주님의 시선 앞에 서다

교회의 머리이신 주님께서는 성도들에게 "내가 네 행위를 아노니"라며, 그들의 모든 행적을 오랫동안 주의 깊게 살피셨다고 하셨다. 주님은 한 사람 한 사람의 행위를 세밀히 보시고 기록하셔서, 그에 따라 빛나는 상을 내리기도 하시고 준엄한 징계를 내리기도 하신다. 한마디로, 행위대로 심판하시는 것이다. 이는 사람의 믿음이 그 행동 속에 고스란히 녹아 있기 때문이다. 사람의 행위를 보면 그의 인격과 믿음의 향기가 드러난다. 인격이 얕은 이는 말과 행동에서조차 천박함이 묻어나고, 인격이 고결한 이는 품위 있는 언행으로 주변에 빛과 온기를 전한다. 마음이 분노의 불길로 타오르면 사소한 일에도 거친 바람처럼 혈기를 부리며 상처를 남기지만, 마음이 평안의 샘물로 충만하면 따스한 말과 선한 행위로 주변에 기쁨과 평화를 선사한다.

살았으나 죽은 자들

그렇다면 사데 교회가 주님께 책망 받은 문제는 무엇이

었을까? 주님께서 지적하신 구체적인 허물을 하나씩 들여다보자. 주님은 그들을 "죽은 자"라 부르셨다. "내가 네 행위를 아노니 네가 살았다 하는 이름은 가졌으나 죽은 자로다"계 3:1. 이 단호하고도 날카로운 말씀은 마치 예배당 안, 생기 없는 시체들이 묵묵히 앉아 있는 섬뜩한 광경을 떠오르게 한다. 그러나 주님이 말씀하신 죽음은 몸이 아닌 영혼의 죽음이었다. 생명 없이 껍데기만 남은 신앙, 그것이 주님 앞에서 죽은 신앙이다. 주님께서는 그들의 신앙 행위를 유심히 살피셨다. 예배에 참석하고, 각자의 자리에서 봉사하며, 십일조와 헌금을 드리고, 기도하며 구제하고, 전도와 선교에 힘쓰는 모든 모습을 보셨다. 하지만 그 행위는 생명 없는 껍데기에 불과했다. 사랑에서 우러난 것도, 믿음에서 샘솟은 것도 아니었기에, 주님께서는 그들 속에서 향기로운 열매를 찾지 못하셨다계 3:2.

하나님 나라의 행위는 그분의 거룩한 표준에 맞아야 한다. 사데 교회는 겉으로는 예배와 봉사를 드렸으나, 사랑과 믿음이 없는 메마른 행위로는 열매를 맺지 못했다. 그들의 신앙은 생명의 불씨를 잃고 차갑게 식어 갔다. 죽은 자들이 모인 죽은 교회였기에, 그들은 외부로부터 어떤 공격도 받지 않았다. 사데 교회는 적의 표적도, 비난과 모함의 대상도 되지 않았다. 죽은 교회를 누가 굳이 적대하겠는가? 한 성경 교사는 이렇게 말한다. "기독교 교회가 생명력을 잃으면 공격할 가치조차 없어지고, 그 지역의 일상 속에서 문제를 제기할 힘도, 영향력도 잃은 무력한 존재로 전락한다." 주님의 간절한 마음이 그 책망 속에 깃들어 있다.

진리의 칼날, 세상의 저항과 마주하다

오늘날도 마찬가지다. 하나님의 진리를 선명히 선포하는 교회는 언제나 공격받는다. 예를 들어, "죽은 자를 중심으로 드리는 추모예배는 하나님이 기뻐하지 않으신다. 이는 제사 행위와 같으므로 삼가야 한다"고 외치면 곧바로 비난과 공격을 받는다. 왜일까? 메시지가 타협하지 않고 선명하기 때문이다. 또 "회개 없는 신앙은 구원을 보장하지 않는다. 죄를 지으면 하나님의 징계가 따른다"고 선포하면 율법주의자, 독선적인 목회자라는 낙인이 찍히기 십상이다. 그러나 진리는 흐리멍덩하지 않다. 혼합되지도 않는다. 진리는 언제나 칼날처럼 예리하다.

바리새인과 서기관들이 예수님을 증오하고 공격한 까닭도 이와 다르지 않다. 주님의 행위와 삶이 그들과 판이하게 달랐기 때문이다. 그들은 거룩한 옷을 걸치고 예배에 열정을 쏟았으며, 길게 기도하고 자주 금식하며 경건한 자로 칭송받았다. 그러나 죄인들과는 철저히 선을 그었다. 반면, 예수님은 죄인들을 불쌍히 여기시고 그들을 찾아가 손을 내밀어 교제하셨다. 그들을 치유하고 구원으로 이끄시며 사랑의 길로 인도하셨다. 바리새인들의 마음에는 사랑과 자비, 겸손과 온유가 결여되어 있었지만, 예수님은 이 모든 것을 온전히 지니고 계셨다. 바로 그 차이 때문에 그들은 주님을 극렬히 비난하고 박해했던 것이다. 예수님의 삶과 말씀은 거짓과 타협하지 않는 빛이었기에 어둠 속에 있던 자들에게는 눈부신 고통으로 다가갔다. 선명한 진리는 언제나 저항을 불러일으키고, 그 저항은 때로 비난과 공격으로 표출된다. 그러나 진리는 어떤 저항 속에서도 꺼지지 않는 은혜의 불꽃이다. 그 빛은 어둠을 꿰뚫고, 마침내 영혼을 흔들어 깨운다.

세상 풍조에 더럽혀진 흰옷

주님께서는 사데 교회에서 몇몇을 제외한 대부분의 교인이 옷을 더럽혔다고 말씀하셨다계 3:4. 그렇다면 흰옷을 입는 이는 누구일까? 계시록 7장 14절에서 장로 중 한 사람이 사도 요한에게 이렇게 말한다. "이는 큰 환난에서 나오는 자들인데 어린 양의 피에 그 옷을 씻어 희게 하였느니라." 곧, 주 예수의 피로 죄를 씻은 성도들이 흰옷을 입은 자들이다. 다시 말해, 어떤 환난과 시련 속에서도 믿음을 굳게 지키며 타협하지 않고 인내한 이들이 의의 흰옷을 입은 사람들이다. 이 소중한 흰옷은 결코 더럽혀져서는 안 되는 거룩한 예복이다.

그렇다면 사데 교인들은 어찌하여 이 흰옷을 더럽혔을까? 그 이유를 알기 위해서는 그들이 놓여 있던 환경을 들여다봐야 한다. 사데는 무역의 중심지로 부유했고, 유행과 사치가 만연했으며, 도덕적으로 심히 타락한 도시였다. 교인들은 교회당에 들어와 기도하고 찬송하며, 복음을 듣고 성경을 배우고, 구제하고 봉사했지만, 교회를 떠나는 순간 세상의 물결에 휩쓸렸다. 그들은 이방인처럼 유행을 좇아 화려함에 취했고, 물질에 마음을 빼앗기며, 육신의 정욕이 이끄는 대로 살아갔다. 그렇게 그들은 하늘에서 받은 의의 흰옷을 더럽혔다. 하늘나라의 시민권자요, 하나님의 자녀로서 고귀한 자존감을 품고 살아야 할 그들이 세상 풍조에 굴복한 것이다.

역사는 세속의 물결이 거세고 박해의 칼날이 날카로울지라도 믿음을 위해 목숨을 걸었던 성도들을 기억한다. 온 세상이 하나님을 외면했을 때에도, 노아와 그의 가족은 끝까지 순종하며 신앙의 깃발을 높이 들었다. 그러나 사데 교인들에게는 바로 그 순종과 담대함이 결여되어 있었다. 그들은 세상과 구별된 삶을 살기보다는 세상의 색깔에 물들어 흰옷을 더럽혔고, 주님의 눈에 생명 없는 자로 비쳤다. 그럼에도 불구하고 주님께서는 여전히 소망을 놓지 않으시고, 그들 가운데 "옷을 더럽히지 않은 자 몇 명"을 기억하신다. 그들은 어린양의 피로 씻은 흰옷을 지키며 주님과 함께 걷는 영광을 누릴 것이다. 우리 역시 그 소수처럼, 세상 속에서도 거룩함을 지키는 믿음을 끝까지 간직하자.

모두가 금신상에 머리를 조아릴 때, 사드락과 메삭과 아벳느고는 불굴의 정신으로 그것을 거부하며 끝까지 믿음을 지켰다. 안주인의 유혹을 단호히 뿌리친 요셉은 강간 미수범이라는 억울한 누명을 쓰고 감옥의 차디찬 바닥에 갇혔어도, 신앙의 불씨를 꺼뜨리지 않았다. 여리고 성의 모든 주민이 멸망의 심판 아래 무너졌지만, 믿음에 목숨을 건 라합은 자신과 가족을 구원의 품에 안았다. 바알과 아세라의 선지자 850명이 위세를 떨칠 때에도, 엘리야는 한 치의 흔들림 없이 믿음의 승리를 쟁취했다. 로마 제국의 가혹한 박해가 신앙을 짓밟던 시절, 많은 이가 주님을 떠났지만, 소수의 성도는 지하 무덤 속에서도 촛불을 밝히며 예배를 드렸다.

그리고 지금, 이 시대는 어떠한가? 수많은 거짓 선지자들이 값싼 복음의 껍데기를 들고 신앙인들을 미혹한다. 종말의 징조는 날로 선명해지고, 세속의 거대한 물결은 쓰나미처럼 밀려와 모든 것을 집어삼키려 한다. 현대 음악의 세속적 선율과 달콤한 번영의 메시지는 영혼을 잠재우고, 교회는 빈 공간을 행사로 채우며 세상과 다를 바 없는 종교단체로 전락해 간다. "인자가 세상에 다시 올 때 믿음 있는 자를 보겠느냐?"눅 18:8라는 주님의 말씀은 바로 이 시대를 향한 경고다. 어쩌면 지금은 칼과 불로 위협하던 박해의 시대보다 믿음을 지키기가 더 어려운 때인지도 모른다.

처음을 기억하고 회개하라

주님께서는 사데 교회에서 온전한 행위를 찾지 못하셨다고 하시며, 그들을 향해 회개의 길로 돌아오라고 간곡히 촉구하셨다. "네 행위의 온전한 것을 찾지 못하였노니"계 3:2. 이 말씀은 꾸짖음이 아니라 다시 살기를 바라시는 주님의 사랑 어린 부르심이다. 은혜로 다시 시작하라는 초대다. 주님께서 요구하신 것은 '생각하라'는 것이다. "그러므로 네가 어떻게 받았으며, 어떻게 들었는지 생각하고, 지켜 회개하라"계 3:3. 여기서 '생각하다'므네모뉴에는 현재 시제로 쓰여, '매일 기억하라, 결코 잊지 말라'는 깊은 뜻을 담고 있다. 복음을 처음 들었을 때, 놀라움과 감격으로 가슴이 뛰며 주님을 따르리라 믿음으로 결단했던 그 뜨거운 순간을 떠올려 보라. 그러나 시간이 흐르며 그 뜨거웠던 감격은 잿빛으로 식어 버리고, 어느새 마음은 굳어져 자신도 모르게 주님과 멀어진 채 세상 사람처럼 살아가고 있지 않은가?

수많은 교인이 받은 은혜를 흘려버리고, 종교라는 껍데기 속에 갇혀 살아간다. 이 종교의 영에 사로잡히면 한 가지 뚜렷한 모습이 드러난다. 바로 경건의 능력은 사라지고,

경건의 겉모습만 남는 것이다. "저희가 경건의 모양은 있으나 경건의 능력은 부인하니"딤후 3:5. 예배에 열심히 참여하고, 헌금을 드리며, 구제와 봉사에 앞장서는 등 교회 생활을 성실히 해 나가는 것이 신앙의 전부인 양 착각한다. 물론 이런 외적인 행위도 소중하다. 그러나 그보다 더 본질적인 것은 마음의 변화다. 말씀과 성령을 통해 내면이 새로워질 때, 비로소 하나님과 바른 관계가 회복되고, 사람과의 관계 또한 새로워진다. 겉모습만 치장한 신앙은 열매 없는 죽은 나무와 같고, 내면이 살아난 신앙은 반드시 열매를 맺는다. 주님의 "회개하라"는 부르심은 단지 잘못을 인정하라는 차가운 명령이 아니다. 잃어버린 첫사랑을 되찾고, 처음 믿음의 감격으로 돌아오라는 따뜻한 초대다. 매일 그 은혜를 기억하며, 세상과 타협한 굳은 마음을 깨뜨리고, 주님께로 다시 달려가라는 절절한 외침이다. 사데 교회뿐 아니라, 오늘 이 시대를 살아가는 우리 모두에게 주시는 메시지다. 회개는 끝이 아니라 시작이다. 그 회개를 통해 새로워진 마음으로 주님 앞에 서라.

그리고 주님은 사데 교회에 "말씀을 굳게 지키라"고 명하셨다. 여기서 '지키라'테레이는 단순한 기억을 넘어 '굳게 붙잡으라'는 강한 뜻을 담고 있다. 인생의 길은 두 갈래뿐이다. 말씀의 끈을 붙잡고 믿음으로 걷는 길, 그리고 세상 풍조의 끈을 붙잡고 불신앙으로 떠도는 길. 말씀을 굳게 붙잡고 믿음으로 사는 이는 '산 자'라 불리며, 말씀을 놓고 세속의 유혹에 이끌려 사는 이는 '죽은 자'라 이름 붙여진다. 그러기에 주님께서는 말씀을 단단히 붙잡으라고 당부하신 것이다. 그리스도인이라 자처하는 이들조차 재물을 얻으면 사치와 자기 사업의 확장에 몰두하곤 한다. 재물이 오히려 영적 성장을 가로막는 걸림돌이 되는 아이러니다. 하나님 나라에 들어왔다면, 이제 세상의 원리를 내려놓고 하나님 나라의 법칙을 따라 살아야 한다. 세상은 물질과 향락을 따르라 속삭이지만, 하나님 나라는 말씀과 의를 따르라 부르신다. 세상과 하나님 사이에 양 다리를 걸쳐 놓고, 이 세상의 향락을 즐기며 하늘의 은혜도 누리겠다는 얄팍한 꾀는 버려야 한다. 마지막 날에 버림받을 수 있기 때문이다.

라오디게아 교회 교인들처럼 세상과 천국을 동시에 소유하려는 무사안일과 기회주의적 태도는 과감히 내려놓아야 한다. 두 주인을 함께 섬기려는 삶은 하나님 보시기에 가증한 일이다. 신앙에는 중간 지대가 없다. 말씀을 굳게 붙든다는 것은 곧 세상과 결별하고 하나님께 전적으로 헌신하는 삶을 의미한다. 재물과 성공, 세상의 달콤한 유혹에 흔들리지 않고, 오직 말씀의 빛을 따라 걷는 자만이 산 자로 인정받는다. 사데 교회는 말씀을 버리고 세속의 손을 잡았기에 죽은 자라 불렸다. 그러나 주님은 그들을 여전히 포기하지 않으시고, 말씀을 다시 붙들어 생명으로 돌아오라고 간절히 호소하신다. 우리 앞에도 똑같은 선택이 놓여 있다. 말씀의 끈을 붙들 것인가, 세상의 끈을 붙들 것인가? 중간에 걸쳐 타협하며 사는 길은 결국 죽음으로 이끌 뿐이다. 오직 말씀을 굳게 붙드는 자만이 주님 앞에 산 자로 서게 되며, 영생의 면류관을 얻게 될 것이다. 지금이 바로 그 결단의 때다.

말씀을 붙잡고 깨어 있으라

주님께서는 사데 교회에 "깨어 있으라"고 명하셨다. "회개하라. 만일 일깨지 아니하면 내가 도둑같이 이르리니 어느 때에 네게 이를는지 네가 알지 못하리라"계 3:3. 사데 교회의 교인들은 영적으로 깊은 잠에 빠져 있었다. 잠에 곯아떨어진 사람은 도둑이 문을 열고 들어와도, 귀한 보물을 훔쳐 가도 깨닫지 못한다. 영적 잠에 취한 이 역시 마찬가지다. 악한 도적인 마귀가 슬며시 다가와 말씀을 빼앗고, 믿음을 앗아가며, 첫사랑의 은혜를 훔쳐 가도 전혀 눈치채지 못한다. 그러므로 기도하며 깨어 있어야 한다. 깨어 기도할 때만이 도둑 같은 원수를 막아 낼 수 있다. 하나님은 은혜받은 성도나 사명 받은 종들이 깊은 잠에 빠져 있든지, 교만의 영에게 지배를 받아 혈기를 부리며 다툼과 분쟁을 일삼으면 징계의 채찍으로 때려서라도 회개하도록 역사하신다. 고집을 부리며 회개를 거부하면 환난과 곤고를 보내기도 하신다. "악을 행하는 각 사람의 영에는 환난과 곤고가 있으리니"롬 2:9.

한 선교사님의 얼굴이 떠오른다. 그는 심한 당뇨로 매일 두 번 인슐린 주사를 맞으며 고된 삶을 살아가고 있었다. 하나님께서 선교사로 부르셨으면서 왜 이런 고통을 주시는지, 안타까운 마음에 그를 위해 자주 기도했다. 그러던 중 성령께서 그의 교만을 지적하셨다. 그는 곧고 정의로운 성품을 가졌지만, 그로 인해 비판적인 말을 자주 쏟아 내며 주변 선교사들과 갈등을 빚곤 했다. 주님이 보시기에 그것이 문제였다. 은혜받은 사람이 환난을 만날 때, 이를 우연으로 치부하지 말고 먼저 자신을 돌아보아야 한다. 영적 여정을 가로막는 죄와 허물을 회개하며 끊어 낼 때 비로소 길이 열린다. 하지만 많은 이가 자기 합리화에 빠진다. 유전병 때문이라거나, 과거의 방탕한 생활 탓이라거나, 몸을 혹사한 후유증이라며 스스로를 변호한다. 그러나 하나님께서는 자녀들을 거룩하게 빚으시기 위해 가난도, 질병도, 사건과 사고도 사용하신다. 우리의 기준이 아닌 하나님의 거룩한 표준에 자신을 맞추는 것, 그것이 참된 회개의 길이다. 깨어 있지 않으면 이 모든 징조를 놓치고, 도둑 같은 때에 주님을 맞이할 준비를 하지 못한다. 깨어 기도하며 말씀을 묵상할 때, 우리는 시냇가의 나무처럼 흔들리지 않을 것이다. 주님의 재림이 가까운 이 시대, 잠든 영혼을 깨우고 뜨거운 믿음으로 서야 한다.

만일 당신이 하나님의 표준을 외면하고 제 마음대로 교회 생활을 이어 간다면, 이는 죽은 자의 행위에 지나지 않아 당신의 흰옷은 더러움으로 얼룩질 것이다. 주님께서는 그 더러워진 옷을 입은 당신을 아버지와 천사들 앞에서 부인하실 것이며, 결국 당신의 이름이 하나님의 생명책에서 지워질 수도 있다. 이는 모세에게 하신 말씀과 같다. "누구든지 내게 범죄하면 내가 내 책에서 그를 지워버리리라"출 32:33. 믿음을 끝까지 붙잡고 승리하는 자는 생명책에서 이름이 지워지지 않을 것이다. 살아 있는 믿음으로 주님 앞에 나아가라. 그 이름은 하늘 생명책에서 빛날 것이다. 흰옷을 입고, 주님과 함께 걷는 그날까지. 그러나 이 은혜의 길은 단순히 믿음만 고백하는 데서 끝나지 않는다. 이 은혜는 우리를 참된 행실로 이끌고, 하나님의 뜻을 바르게 아는 지식으로 우리를 새롭게 한다.

그러나 오늘날 이 진리가 무너지고 있다. 은혜는 말하면서도, 진리는 외면하는 시대 속에 우리는 서 있다. 이제 우리는 이 은혜가 어떤 진리를 통해 우리 삶을 움직이고, 어떤 보물로 우리 믿음을 굳건히 하는지 깊이 탐구해 보아야 한다.

제4장

버려진 진리, 율법에서 찾은 보물

롬 3:30-31

값싼 복음의 함정: 율법은 폐기되었는가?

은혜로 받은 믿음은 살아 있는 행실로 하나님의 생명책에 이름을 빛나게 한다. 그러나 이 은혜의 길을 바르게 걷지 못하면, 믿음은 생명 없는 껍데기로 전락하고 만다. 그렇다면 왜 수많은 그리스도인이 행위가 따르지 않는 죽은 믿음을 품고 살아가는가? 그 뿌리에는 복음의 빛을 오해하고 왜곡된 가르침을 받아들인 깊은 비극이 자리 잡고 있다. 특히 율법을 둘러싼 짙은 안개가 그들의 길을 어지럽힌다. 구약과 신약이 손잡고 펼쳐 보이는 하나님의 큰 그림을 보지 못한 채, 율법과 복음 사이에서 방황하며 혼란에 빠져 있는 것이다. 이 은혜의 길을 바로 세우기 위해, 우리는 율법 속에 감춰진 보물, 복음의 참된 빛을 다시 찾아야 한다.

오늘날, 성경의 깊은 뿌리를 탐구하는 신학보다 자유주

의 신학의 얕은 흐름에 휩쓸린 목회자들이 많아 그 아픔은 더욱 크다. 그들은 율법이 폐기된 것이라 여기며, 지금은 은혜의 시대라 예수님을 입으로만 고백하면 구원이 주어지고, 삶의 모습은 아무래도 좋다고 말한다. 그렇기에 많은 설교자가 율법 폐기론antinomianism의 그물에 걸려 값싼 복음을 퍼뜨리고, 진리와 거짓이 뒤엉킨 가르침으로 쭉정이 같은 신자를 길러 내는 일을 업으로 삼는다. 과연 율법이 폐기되었으니 예수를 믿는다는 말 한마디로 구원이 보장되고 천국의 문이 활짝 열릴까? 정말 그러한가? 이 질문은 우리 가슴을 파고들며, 진리의 깊은 샘으로 우리를 다시 이끈다.

하나님의 법, 그 변치 않는 원리

작년 어느 날 나의 차량과 번호판이 찍힌 사진이 들어 있는 벌금 티켓 한 장이 날아왔다. 교통신호를 위반했으니 벌금으로 150불을 내라는 것이었다. 어떤 규정을 어겼는지 정확히 알지 못했지만, 나라가 정한 교통 법규를 어긴 죄의 대가로 벌금을 내라는 요구에, 망설임 없이 체크를 써서 우편함에 넣었다. 법을 어기면 그에 따른 벌이 따르는 것은 당연한 이치다. 그리고 이 단순한 진리는 하나님의 나라에서도 변함없이 적용된다. 하나님께서는 당신의 백성들이 따라야 할 계명과 율법을 주셨다. 모세를 시내 산으로 부르시어, 십계명을 비롯한 613가지 율법을 내려 주셨다. 이 율법을 어기는 것은 곧 죄가 되며, 죄에는 피할 수 없는 형벌이 뒤따른다. 이 613가지 율법은 크게 세 갈래로 나뉜다.

예수로 완성된 제사, 그 그림자의 마침표

첫째는 제사 의식법이다. 유월절, 무교절, 초막절과 같은 절기를 지키라는 명령과, 그 절기마다 번제, 속죄제, 속건제, 화목제와 같은 제사를 하나님께 드리라는 법도를 말한다. 어떤 제물을 어떻게 준비해 하나님께 바쳐야 하는지, 그 구체적인 조항들이 이 제사법에 담겨 있다. 그러나 이 모든 것이 예수님께서 오심으로 완성되었다. 그분은 어린 양처럼 자신의 피를 뿌리시고, 자신의 몸을 영원한 번제와 속죄제, 속건제, 화목제의 제물로 드리셨다. 그리하여 신약의 성도들은 더 이상 이러한 제사법을 문자 그대로 지킬 필요가 없게 되었다. 예수님께서 율법의 이 부분을 온전히 성취하셨기 때문이다.

민법, 그리스도 안에서 확장된 사랑과 정의

둘째는 민법이다. 시민법civil law이라고도 불리는 이 법은, 신정국가 이스라엘에서 백성 사이의 분쟁을 해결하는 기준이자 삶의 질서를 세우는 뼈대였다. 신정국가 이스라엘은 역사 속으로 사라졌지만, 하나님의 통치는 끝나지 않았다. 이제 그 통치는 그리스도의 오심과 함께 교회를 통해 더욱 명확히 드러나게 되었다. 예수께서 유대인들에게 하신 말씀을 들어 보라. "그러므로 내가 너희에게 이르노니 하나님의 나라를 너희는 빼앗기고, 그 나라의 열매 맺는 백성이 받으리라"마 21:43. 여기서 '열매 맺는 백성'은 바로 주님의 교회다. 예수께서는 이스라엘의 율법을 폐하신 것이 아니라 완성하셨다. 따라서 이스라엘의 민법 역시 그 문자적 조항의 시대를 넘어, 그 안에 담긴 사랑과 정의, 긍휼이라는 본질적인 정신이 그리스도를 통해 온 교회의 실천 원리로 확장되고 완성된 것이다. 그러므로 오늘날 교회는 이스라엘의 민법 조항을 문자 그대로 따르지는 않지만, 그 법이 품고 있던 바로 그 정신을 그리스도의 복음 안에서 살아 낸다.

살아 있는 도덕법, 내면까지 비추는 사랑의 등불

그러나 세 번째, 도덕법은 여전히 남아 있다. 십계명을 중심으로 한 이 도덕법은 결코 폐기된 것이 아니다. 이 도덕법은 하나님의 영원하고 거룩한 성품에 기초하고 있기 때문에 결코 폐기될 수 없으며, 오히려 예수 그리스도 안에서 더욱 분명히 성취되고 완성되었다. 우리가 이 땅에 숨 쉬는 동안, 반드시 마음에 새기고 지켜야 할 하나님의 뜻이다. 십계명은 하나님께서 두 개의 돌판에 친히 새겨 주신 거룩한 말씀이다. 첫 번째 돌판에는 하나님을 향한 네 가지 대신계명對神誡命이, 두 번째 돌판에는 사람을 향한 여섯 가지 대인계명對人誡命이 담겨 있다. 예수님께서는 마태복음 22장 37-40절에서 이 십계명을 두 개의 큰 계명으로 압축하시며 이렇게 말씀하셨다. "네 마음을 다하고 목숨을 다하고 뜻을 다하여 주 너의 하나님을 사랑하라 하셨으니, 이것이 크고 첫째 되는 계명이요, 둘째도 그와 같으니 네 이웃을 네 자신 같이 사랑하라 하셨으니, 이 두 계명이 온 율법과 선지자의 강령이니라." 이 두 계명은 율법의 뿌리요, 선지자들의 외침이 담긴 정수다. 하나님만이 참된 예배의 대상이시니, 우상을 만들지도 말고 절하지도 말며, 그 거룩한 이름을 함부로 입에 올려서는 안 된다. 또한 안식일을 기억하여 거룩히 지키라는 계명은, 오늘날 주일에 주님을 예배하는 우리의 신앙생활 속에서도 여전히 유효하며, 이날을 소홀히 여기는 것은 하나님 앞에서 죄의 무게를 더하는 것이다. 이 도덕법은 단순한 규정이 아니라, 하나님과 이웃을 향한 사랑의 실천으로 우리를 이끄는 생명의 등불이다.

그리고 대인계명對人誡命이 있다. 그 첫째는 부모를 공경하라는 명령이다. 이어서 살인하지 말라, 간음하지 말라, 도둑질하지 말라, 거짓 증언하지 말라, 그리고 남의 것을 탐내지 말라는 계명이 뒤를 잇는다. 그러나 예수님께서는 마태복음 5장부터 7장까지 이어지는 산상수훈에서 이 계명들을 단순히 겉으로 드러난 행위에만 국한시키지 않으셨다. 예수님은 이 산상수훈을 통해 율법의 근본정신과 본래 목적을 명확히 드러내셨으며, 표면적 행위에 그치지 않고 내면 깊숙한 죄의 뿌리까지 밝히셨다. 예를 들어, "살인하지 말라"는 계명은 누군가를 물리적으로 해치지 않는 것으로 끝나는 것이 아니다. 예수님은 미움과 비난, 용서하지 않는 마음과 같은 살인의 씨앗이 되는 생각조차 살인죄에 포함된다고 하셨다. 또한 "간음하지 말라"는 계명은 결혼하지 않은 자들 간의 육체적 관계를 금하는 데 그치지 않고, 마음속으로 음욕을 품는 것조차 간음으로 규정하셨다. 이처럼 산상수훈은 기독교 윤리의 대헌장이라 불리며, 구세주께서 계명의 참된 의미를 내면까지 파고들어 해석하신 감동적인 설교다.

율법, 죄를 깨닫고 그리스도께 이끄는 안내자

그렇다면 하나님께서 율법을 주신 깊은 뜻은 무엇일까? 율법이 없다면 우리는 죄가 무엇인지 깨닫지 못하고, 왜 심판을 받아야 하는지 그 이유를 알지 못하며, 주 예수님께서 십자가에서 이루신 크신 은혜의 깊이를 헤아릴 수 없기 때문이다. 율법은 죄를 환히 드러내는 거울이요, 우리를 그리스도께로 인도하는 사랑의 가정교사다 갈 3:24. 우리는 주님의 무한한 은혜 안에 사는 사람들이다. 그러나 은혜 안에서 산다는 것은 결코 마음대로 죄를 지으며 방탕하게 사는 것이 아니다. 성령의 권능을 힘입어 기쁨으로 주님의 율법을 지키고, 의를 행하며, "세상의 빛" 마 5:14 으로 살아가는 삶을 뜻한다. 이 은혜와 율법의 조화 속에서 우리는 하나님의 사랑을 온전히 반영하는 거룩한 백성으로 서게 된다.

복음으로 세워진 율법

오늘날 "지금은 은혜의 시대이니 주 예수를 믿기만 하면 어떻게 살아도 괜찮다"고 가르치는 목소리가 적지 않다. 그러나 이런 주장은 주님의 말씀을 거스르는 거짓된 진리일 뿐 아니라, 율법을 무너뜨려 성도들을 위험한 길로 이끄는 치명적인 오류다. 복음은 율법을 허무는 것이 아니라, 오히려 율법을 단단히 세우고 그 가치를 드높인다. 그렇다, 복음은 율법을 폐기하지 않았다. 도리어 복음은 율법의 깊은 뜻을 굳건히 받쳐 준다. 많은 이들이 예수님께서 율법을 폐하신 것처럼 오해하지만, 실상은 그 반대다. 예수님의 말씀을 직접 들어 보라. "내가 율법이나 선지자를 폐하러 온 줄로 생각하지 말라. 폐하러 온 것이 아니요 완전하게 하려 함이로다"마 5:17. 여기서 '완전하게 하다'플레로오라는 단어는 '모두 실행하다', '세우다'라는 뜻을 담고 있다. 예수님께서는 율법의 일점일획까지 온전히 지키심으로써 율법을 존귀하게 하셨다. 튼튼한 2층 건물을 상상해 보라. 1층은 '율법'이라는 견고한 기초공사다. 그 위에 '복음'이라는 2층을 올려 비로소 온전한 건물이 완성된다. 이것이 올바른 그림이다. 그런데 많은 이들이 이 그림을 오해한다. 그들은 1층을 다이너마이트로 부숴 버리고, 허공에다 2층을 지으려 한다. 기초가 없으니 건물이 설 수 있겠는가? 다시 말하지만, 율법이라는 단단한 1층 위에 십자가 복음이라는 아름다운 2층을 쌓아 올린 것, 이것이 바로 예수님께서 이루신 일이다. 이 조화로운 진리를 깨닫는 것이야말로 우리 믿음의 뿌리를 깊게 내리는 길이다.

흠 없는 순종으로 율법을 높이다

자, 그러면 예수님은 어떻게 율법을 완전히 이루시고, 그것을 존귀하게 하셨을까?

첫째, 예수님께서는 율법을 완전하게 지키심으로써 율법을 존귀하게 하셨다. 주님은 원죄가 없는 분이시며, 죄로부터 온전히 자유로운 유일한 존재이셨다. 그럼에도 불구하고 율법의 가장 작은 조항 하나라도 소홀히 여기지 않으시고, 철저하고 흠 없이 율법에 복종하셨다. 이를 통해 율법의 거룩한 권위를 세우셨다.

한 가지 분명한 예를 들어 보자. 주님은 창조주이시지만,

자신이 창조하신 피조물 마리아를 통해 이 땅에 성육신하셨다. 본질적으로 마리아와는 창조주와 피조물의 관계였지만, 이 세상에서는 육신의 모자 관계로 나타나셨다. 그리하여 평생 마리아를 어머니로 공경하시며, "네 부모를 공경하라"는 제5계명을 온전히 실천하셨다. 이처럼 예수님께서는 율법의 모든 요구를 완벽히 따르심으로 그 존귀함을 드러내셨다. 만일 참소자 사탄이 예수님의 삶에서 단 하나의 죄라도 있었다면, 사탄은 그것을 크게 외치며 만천하에 고발했을 것이다. 그러나 사탄은 주님에게서 단 한 점의 흠도 발견하지 못했다. 세상의 권력자들과 관원들도 마찬가지였다. 그들은 예수님을 심문하고 재판했으나, 그분의 죄를 입증할 아무 증거도 찾지 못했다. 심지어 재판장이었던 빌라도 총독조차 주님의 무죄를 인정하며, 물을 가져와 무리 앞에서 손을 씻으며 이렇게 선언하지 않았던가? "이 사람의 피에 대하여 나는 무죄하니 너희가 당하라"마 27:24. 예수님의 삶은 율법에 대한 완전한 순종으로 빛났고, 그 순종은 율법의 의로움과 거룩함이 참되다는 것을 온 세상에 입증했다. 이처럼 주님은 율법을 지키심으로 율법을 존귀하게 하셨다.

십자가 대속: 피로 완성된 율법의 요구

예수님께서는 십자가에서 율법을 완전하게 하셨다. 갈보리 언덕 위에서 주님은 우리의 죄를 속량하시고 구원의 문을 활짝 여심으로써 율법의 거룩한 가치를 더욱 찬란히 드러내셨다. 우리는 하나님의 율법을 온전히 지킬 능력이 없는 연약한 존재다. 그로 인해 하나님의 진노와 심판 아래서 영원한 형벌을 피할 길조차 없는 죄인이었다. 그러나 예수님께서 우리를 대신하여 십자가에 오르시고, 그 형벌을 몸소 감당하심으로 율법의 모든 요구를 충족시키셨다. 십자가 위에서 "다 이루었다"요 19:30라고 외치신 그 음성은 율법의 궁극적인 성취를 선포하는 승리의 외침이었다.

현대의 자유주의 신학은 '피의 복음'을 외면하며, 예수님의 가르침이나 선행만을 부각시키려 한다. 그러나 이는 예수님께서 이루신 일의 가장 중요한 핵심을 놓치는 어리석음이다. 주님은 율법을 완벽히 지키심으로 그 가치를 드높이셨고, 십자가에서 피를 흘리며 죽으심으로 율법의 요구를 충족하셨다. 그 목적은 무엇이었는가? 바로 그를 믿는 백성을 죄와 사망, 그리고 마귀의 올무에서 구원하시기 위함이다. 아무리 문명이 발달한 세상에 산다 해도 구원의 길은 십자가의 복음뿐이다. 주님의 피로 이루신 복음 외에는 다른 복음이 존재하지 않는다. 다시 분명히 말하지만, 우리가 율법을 지켜서 구원받는 것이 아니다. 율법을 친히 지키시고 완전하게 하신 주 예수를 믿음으로 구원받는 것이다. 그리고 구원받은 성도는 성령의 능력을 힘입어 최고의 도덕법인 십계명, 곧 '하나님 사랑과 이웃 사랑'을 삶으로 실천하며 나아간다. 이것이야말로 율법을 존귀하게 하는 길이며, 성도가 추구해야 할 거룩한 삶의 모습이다. 예수님의 십자가는 율법을 폐하는 것이 아니라, 그 위에 복음의 영광을 더하여 우리를 자유와 사랑의 길로 인도한다. 이 진리를 붙잡는 자만이 참된 구원의 기쁨을 누릴 수 있다.

은혜는 방종이 아니다: 율법을 존귀하게 여기는 삶

속지 말라. 복음은 율법을 무너뜨리는 것이 아니라, 오히려 율법을 굳게 세우는 생명의 능력이다. 그러나 오늘날 많은 그리스도인들이 은혜를 오해한 나머지, 율법은 더 이상 지킬 필요가 없다는 착각에 빠져 있다. 그들은 주일을 거룩히 지키지 않고 함부로 범하며, 미움과 비판, 분쟁을 일삼는다. 간음을 '개인의 사생활'이라며 스스로 정당화하고, 죄를 대수롭지 않게 여긴다. 고의로 도둑질하고 거짓을 말하며, 돈의 노예가 되어 살아간다. "은혜의 시대이니 예수만 믿으면 어떤 죄를 지어도 괜찮다"는 생각은, 깊이 뿌리박힌 오류다.

성경은 이 오해에 대해 단호히 경고한다. 로마서 6장 15-16절의 말씀을 들어 보라. "그런즉 어찌하리요, 우리가 법 아래 있지 아니하고 은혜 아래 있으니 죄를 지으리요 그럴 수 없느니라. 너희 자신을 종으로 내주어 누구에게 순종하든지, 그 순종함을 받는 자의 종이 되는 줄을 알지 못하느냐? 혹은 죄의 종으로 사망에 이르고, 혹은 순종의 종으로 의에 이르느니라." 은혜의 시대에 살고 있다고 해서 최고의 도덕법을 어기며 죄를 짓는 것이 허락된 적이 있는가? 결코 그렇지 않다. 은혜를 받은 성도라 할지라도 죄를 지으면 하나님의 징계가 따른다는 것을 잊어서는 안 된다. 히브리서 12장 5-6절에서 이렇게 말씀하신다. "내 아들아, 주의 징계하심을 경히 여기지 말며, 그에게 꾸지람을 받을 때에 낙심하지 말라. 주께서 그 사랑하시는 자를 징계하시고, 그가 받아들이시는 아들마다 채찍질하심이니라." 은혜는 방종을 허용하는 면허증이 아니라, 율법을 존귀하게 여기며 거룩한 삶으로 나아가게 하는 힘이다. 그러므로 율법을 무시하며 죄 속에 머무는 것은 복음의 본뜻을 거스르는 행위다. 은혜 안에 사는 성도는 율법을 사랑으로 지킴으로써 하나님께 영광을 돌리고, 그분의 의를 세상에 나타내야 한다.

믿음의 순종: 그리스도의 율법을 따르는 삶

모세의 율법이 주어지기 전에도 죄는 이미 사람들 위에 군림하며 그들을 지배하고 있었다. 노아 시대의 사람들이 홍수 심판을 받은 것도 바로 죄 가운데 살았기 때문이다. 어린 양의 피로 보호받아 구원받은 출애굽 1세대 또한, 불순종의 죄로 인해 여호수아와 갈렙 두 사람만을 제외하고 약속의 땅에 들어가지 못했다. 이처럼 신약의 성도도 예수님을 믿음으로 구원받는다. 그러나 이 땅에서 광야 같은 인생길을 걷는 동안, 불순종의 죄를 버리고 믿음을 굳게 지켜야 한다. 그렇다면 무엇에 대한 불순종을 말하는 것일까? 바로 그리스도의 율법, 곧 '하나님 사랑과 이웃 사랑'이다. 이 두 계명이 그리스도의 율법의 핵심이라 했고, 그 뿌리는 어디에 있는가? 바로 십계명이다. 십계명은 하나님 사랑과 이웃 사랑을 구체화한 토대다. 우리는 하나님 외에 다른 신을 섬겨서는 안 되며, 우상을 만들어 숭배하는 것을 철저히 금해야 한다. 하나님의 거룩한 이름을 경외함 없이 부르거나 가볍게 여겨서는 안 된다. 그리고 안식일, 곧 주일을 반드시 거룩히 지켜야 한다. 주일은 단순한 하루가 아니다. 주일은 'Lord's Day', 즉 '주님의 날'로서 하나님을 예배하며 하나님께 구별된 시간으로 드려야 한다. 이 날을 통해 우리는 창조주이신 하나님께 경배를 올리고, 그분의 은혜와 사랑을 깊이 묵상하며, 거룩한 삶으로 새롭게 헌신하는 것이다. 이 모든 것이 그리스도의 율법을 따르는 성도의 마땅한 모습이다.

주일 성수를 지키기 위해 온갖 비난과 조롱을 감내하며 심지어 매국노라는 소리까지 들었던 한 육상 선수가 있다. 그의 이름은 에릭 리들Eric Liddell, 1924년 제8회 파리 올림픽에서 100미터 세계 신기록을 보유했던 영국인이다. 그러나 운명처럼, 100미터 예선 일정이 주일 오후 3시와 5시로 잡히는 바람에 그는 큰 시험 앞에 섰다. 에릭은 하나님의 제4계명인 주일 성수를 지키기 위해 그날 경기를 포기하기로 결단했다. 이 소식이 전해지자 영국 국민과 언론은 그를 향해 맹렬한 비난을 퍼부었다. "옹졸한 그리스도인", "조국의 명예를 저버린 반역자", "신앙심을 가장한 위선자"라는 비수가 그의 가슴을 찔렀다. 심지어 영국 왕실에서도 경기에 나서라는 압력을 가했지만, 하나님의 제4계명, 주일 성수를 지키고자 그의 믿음을 꺾지 못했다.

며칠 뒤, 그는 400미터 경기에 출전했다. 사실 100미터 단거리 선수가 400미터에 도전한다는 것은 상식적으로 불가능에 가까웠다. 모두가 그의 패배를 예견했다. 그러나 출발 신호가 울리자, 에릭은 마치 활시위를 떠난 화살처럼 트랙을 박차고 나갔다. 그의 폭발적인 질주에 모두가 숨을 죽였다. 저러다 심장이 터지는 건 아닐까, 관중석은 경악과 경이로 가득 찼다. 결과는 놀라웠다. 47.6초, 세계 신기록. 그의 목에 금메달이 걸리는 순간이었다.

경기 후 기자회견에서 한 기자가 물었다. "어떻게 그렇게 빨리 뛸 수 있었나요?" 그의 대답은 간결하면서도 깊은 믿음을 담고 있었다. "200미터는 내가 뛰었고, 나머지 200미터는 하나님이 뛰어 주셨습니다." 그 순간, 그는 단숨에 영국의 영웅으로 떠올랐고, 믿는 자들에게 순종의 표상으로 기억되었다. 불순종하는 자에게는 도우심이 없다. 그러나 고난과 비난 속에서도 말씀에 순종하는 자에게는 놀라운 은혜를 베푸신다. 에릭 리들의 삶은 주일 성수와 율법에 대한 순종이 결코 헛되지 않음을 온 세상에 증명했다. 그의 믿음은 하나님의 영광을 드러냈고, 율법을 소중히 여기고 실천하는 자에게 허락된 승리의 길을 온 세상에 보여 주었다.

더 깊은 법: 즐거운 드림

모세의 율법이 외적인 행위를 다루었다면, 그리스도의 율법은 마음의 죄까지 드러내어 정죄한다. 살인의 전조인 미움과 정죄, 간음의 뿌리인 음욕까지도 죄로 보시는 주님의 시선은, 인간의 깊은 내면을 향하고 있다. 도둑질이 금지된 것처럼, 하나님께 속한 것도 마땅히 도둑질해서는 안 된다. 그렇다면 하나님의 것이란 무엇인가? 예수님께서는 말씀하셨다. "가이사의 것은 가이사에게, 하나님의 것은 하나님께 바치라"마 22:21. 여기서 가이사의 것은 세금을, 하나님의 것은 십일조와 헌금을 의미한다.

예수님은 십일조에 대해 분명히 말씀하셨다. "너희가 박하와 회향과 근채의 십일조는 드리되… 정의와 긍휼과 믿음은 버렸도다. 그러나 이것도 행하고 저것도 버리지 말아야 할지니라"마 23:23. 서기관과 바리새인들은 율법의 외형은 지켰지만, 더 중요한 정의와 긍휼, 믿음을 외면했다. 예수님은 겉과 속, 형식과 본질을 모두 소홀히 하지 말라고 하셨다.

그러나 이 헌신은 율법 아래 억지로 하는 행위가 아니다. 은혜 안에서 자원하는 마음과 기쁨으로 드려야 한다. "각각 그 마음에 정한 대로 할 것이요, 인색함으로나 억지로 하지 말지니, 하나님은 즐겨 내는 자를 사랑하시느니라"고후 9:7. 이 말씀을 '안 해도 된다'는 의미로 오해해 하나님 나라의 일에 외면한다면, 그것은 언젠가 깊은 후회로 돌아올 것이다. "하나님은 즐겨 내는 자를 사랑하신다"는 말씀의 깊은 뜻을 깨닫는 자는 진실로 복이 있다. 헌신은 의무가 아니라, 은혜 아래 사는 성도의 기쁨이며, 하나님께 영광을 돌리는 삶의 고백이다.

다른 복음을 경계하라: 그리스도의 율법 아래 사는 자유

오늘날 많은 목사들이 성경의 깊은 진리를 외면한 채 자유주의 신학에 물들어, 모든 율법이 폐기되었다고 가르친다. 심지어 지옥의 존재를 부정하거나, 예수님 외에 다른 구원의 길이 있다고 주장하며 주님의 십자가를 모욕하는 일을 생업으로 삼고 있다. "율법은 폐기되었다"는 왜곡된 복음은 교인들을 쭉정이 신자로 만드는 치명적인 독이다. 이와 같은 가르침은 참된 믿음의 열매를 맺지 못하게 하고, 영혼을 속이는 치명적인 오류를 낳는다. 바울은 이에 대해 단호히 경고했다. "그러나 우리나 혹은 하늘로부터 온 천사라도 우리가 너희에게 전한 복음 외에 다른 복음을 전하면 저주를 받을지어다"갈 1:8. '다른 복음'을 전하는 자들은 그 출처가 누구든, 저주를 피할 수 없다고 단언한 것이다.

율법을 지켜 구원받으려는 율법주의는 분명한 이단이다. 그러나 "율법은 다 폐기되었으니, 이제는 제멋대로 믿어도 구원받는다"는 율법 폐기론 또한 그에 못지않게 심각한 오류이며, 위험한 이단이다. 안타깝게도 오늘날 많은 설교자들이 이 거짓된 가르침에 빠져 있으며, 그로 인해 많은 성도들이 왜곡된 믿음을 붙든 채 살아가고 있다. 그러나 사도 바울은 이렇게 고백한다. "내가 하나님께는 율법 없는 자가 아니요, 도리어 그리스도의 율법 아래에 있는 자라"고전

9:21. 바울은 율법주의의 정죄 아래 있지 않았지만, 결코 무율법적인 삶을 살지 않았다. 그는 그리스도의 은혜 안에서 자유를 누리되, 그 자유를 방종으로 바꾸지 않고, 오히려 그리스도의 율법 아래서 기꺼이 순종하며 거룩하게 살아갔다. 이것이 바로 은혜 안에 있는 자의 참된 모습이다. 은혜는 율법을 폐하는 것이 아니라, 그 율법을 마음에 새기고 기쁨으로 순종하게 하는 하나님의 능력이다.

그리스도의 율법—곧 사랑으로 완성된 율법은 억지로 지켜야 할 족쇄가 아니다. 십계명을 기초로 한 이 도덕법은 자원하는 마음과 기쁨으로 실천하게 하는 생명의 길이며, 은혜로 살아가는 자의 증거이다. 복음은 율법을 무너뜨리는 것이 아니다. 복음은 사랑으로 율법을 완성하신 예수 그리스도의 은혜 안에서, 우리로 하여금 억지 아닌 기쁨의 순종, 의무 아닌 감사의 열매를 맺게 한다. 그렇다면 참된 성도란 누구인가? 그는 그리스도의 율법을 마음에 새기고, 기쁨으로 순종하며, 세상 속에서 하나님의 거룩하심을 조용히 드러내는 사람이다.

이것이 바로 은혜로 사는 삶이며, 복음이 맺는 진짜 열매다.

마지막 날의 심판: 삶으로 증명될 믿음의 열매

하지만 우리가 맺고 있는 그 열매가 참으로 거룩한 것인지, 아니면 보기엔 그럴듯하지만 속은 빈 쭉정이인지, 그것은 마지막 날에 분명히 드러날 것이다. 그날, 주님의 눈은 결코 속일 수 없다. 그때는 말이 아니라 우리의 삶 전체가 주님의 심판대 앞에 놓인다. 그러므로 지금 우리는 반드시 되묻고 돌아보아야 한다. 나는 알곡인가, 아니면 쭉정이인가?

제5장

나의 마지막은 어디를 향하고 있을까?

마 13:24-30

은혜의 길 끝에서: 나는 알곡인가, 쭉정이인가?

율법은 은혜로 주어진 하나님의 선물이다. 그 은혜는 우리를 억지 순종이 아닌 기쁨의 순종으로 이끌어, 마침내 거룩한 열매를 맺게 한다. 하지만 그 길을 제대로 걷지 못하면, 우리의 믿음은 어느새 쭉정이에 머물고 만다. 주님께서는 '가라지 비유'마 13:24-30를 통해 우리 신앙의 실체를 더욱 분명히 보게 하신다. 그분은 참된 곡식이 아닌 자들이 더 많을 것이라 경고하셨다. 이제 우리는 스스로에게 물어야 한다. '나는 알곡인가, 쭉정이인가?' 주님의 비유 속에는 겉모습은 비슷하나 실상은 전혀 다른 두 존재, 추수 때에 그 운명이 완전히 갈라지는 두 무리가 등장한다.

가라지와 쭉정이, 마지막에 드러날 참모습

주님께서는 여러 비유를 통해 하나님 나라의 백성과 그렇지 않은 자들을 가르쳐 주셨다. 마태복음 13장의 '가라지 비유'는 원수가 몰래 뿌린 가라지가 알곡과 함께 자라지만 결국 추수 때에 불사름을 당하는 모습을 보여 준다. 또한 세례 요한은 알곡과 쭉정이를 나누어 쭉정이는 꺼지지 않는 불에 태우실 것이라고 경고했다마 3:12. 이처럼 '가라지'와 '쭉정이'는 그 발생 원인이나 드러나는 양상에 다소 차이가 있을 수 있지만, 궁극적으로는 참된 믿음의 열매를 맺지 못하고 마지막 심판 때에 알곡과 구별되어 버려질 존재라는 공통점을 지닌다. 따라서 이 장에서는 이 두 가지 모습을 함께 살펴보며, 우리의 신앙이 과연 하나님께서 기뻐하시는 알곡 신앙인지, 아니면 겉모습뿐인 가라지나 쭉정이 신앙인지 깊이 성찰하고자 한다. 이제 우리는 돌아보아야 한다. 이 은혜의 길이 과연 나를 어디로 이끄는가? 나는 알곡인가, 아니면 가라지나 쭉정이인가? 주님께서 말씀하신 가라지 비유 속에는, 그 정체가 분명히 갈라지는 이들이 등장한다.

원수가 뿌린 가라지: 듣지 못하는 완악한 마음

첫째는 가라지 신자다. 가라지는 독보리_{毒麥}의 일종으로, 이삭이 패기 전까지는 밀과 구별이 거의 불가능하다. 어찌하여 하나님의 밭에 이런 가라지가 생겼는가? 주님은 "원수가 이렇게 하였구나"마 13:28라고 답하신다. 원수 마귀가 몰래 와서 적그리스도의 영, 곧 가라지 씨를 뿌렸기 때문이다. 이런 사람은 마음이 완악하여 하나님 말씀이 들어갈 틈이 없다. 예배에 참석해도 옳고 그름을 판단하기에 바빠 말씀을 흘려버리고, 예배가 끝나면 한마디도 기억하지 못한다.

알맹이 없는 쭉정이: 시험과 세상 염려에 흔들리는 믿음

둘째는 쭉정이 신자다. 겉껍데기만 남았을 뿐, 참된 믿음의 알맹이가 없는 자다. 그들은 말씀의 은혜를 맛보고 놀라운 역사를 체험하기도 하지만, 시험의 바람이 불면 뿌리 얕은 나무처럼 쉽게 쓰러진다. 스스로 시험을 불러들이고도 그 책임을 남에게 돌리며 원망에 빠진다. 또한 그들의 마음 밭은 가시덤불과 같다. 세상 염려와 재물의 유혹, 쾌락을 향한 탐심이 덩굴처럼 얽혀 말씀이 자랄 틈을 주지 않는다. 결국 그들의 신앙은 열매 없이 겉만 번지르르한 빈껍데기로 남고 만다.

썩은 열매로 드러나는 가라지와 쭉정이의 실체

결국 가라지와 쭉정이는 그 열매로 실체가 드러난다. 그들의 가지에는 성령의 아름다운 열매가 달리지 않는다. 오직 부패한 육체의 열매만 무성할 뿐이다. 갈라디아서 5장 19-21절은 그 모습을 적나라하게 고발한다. "육체의 일은 분명하니 곧 음행과 더러운 것과 호색과 우상 숭배와 주술과 원수 맺는 것과 분쟁과 시기와 분냄과 당 짓는 것과 분열함과 이단과 투기와 술 취함과 방탕함과 또 그와 같은 것들이라." 이들의 마지막은 어떠한가? 성경은 추상같은 판결을 내린다. "이런 일을 하는 자들은 하나님의 나라를 유업으로 받지 못할 것이요."

추수 때 알곡만 거둔다

흥미롭게도, 종들이 가라지를 미리 뽑아내려 했을 때 주님은 추수 때까지 "가만 두라"고 명하셨다. 가라지의 뿌리가 밀의 뿌리와 단단히 얽혀 있어, 섣불리 뽑다간 알곡까지 다칠 것을 염려하셨기 때문이다마 13:29. 여기서 추수 때란 주님이 다시 오시는 마지막 날을 의미한다. 주목할 점은 심판의 순서다. 보통은 알곡을 먼저 거두지만, 주님은 이렇게 명하신다. "가라지는 먼저 거두어 불사르게 단으로 묶고, 곡식은 모아 내 곳간에 넣으라"마 13:30. 악이 먼저 제거되는 심판의 단호함을 보여 주는 장면이다. 이 순서는 요한계시록에서도 동일하게 나타난다. 마귀와 그를 따르던 모든 거짓된 존재가 먼저 불못에 던져진 후에야 새 하늘과 새 땅이 열린다계 20:10, 21:1. 가라지와 쭉정이는 그날의 심판을 결코 피할 수 없으며, 영원한 형벌이라는 돌이킬 수 없는 운명을 맞게 된다.

알곡 성도의 첫 번째 증표: 하나님을 사랑하고 경외함

오직 알곡만이 구원의 문을 통과한다. 그렇다면 알곡의 첫 증표는 무엇인가? 바로 하나님을 사랑하고 또한 경외하는 마음이다. 먼저, 알곡은 하나님을 사랑한다. 창세 전 나를 택하시고, 모든 죄를 용서하여 자녀 삼아 주신 그 압도적인 은혜에 감격하기 때문이다. 그래서 그들은 감사의 예배로, 찬송의 고백으로 그 사랑에 응답한다. 가라지와 쭉정이가 하나님 '손에 든 선물'을 탐할 때, 알곡은 선물을 주시는 '하나님 자신'을 사랑한다. 그렇기에 고난이 닥쳐도 교회를 떠나거나 예배를 포기하지 않는다.

그러나 알곡은 사랑의 하나님만큼이나, 공의의 하나님 또한 두려워할 줄 안다. 그들은 아버지가 자식을 긍휼히 여기듯 우리를 품으시는 하나님시 103:13을 신뢰하지만, 동시에 아나니아와 삽비라처럼 하나님을 속이는 죄를 엄중히 심판하시는 분임을 알기에 스스로를 살핀다. 그래서 베드로는 "각 사람의 행위대로 심판하시는 이를 너희가 아버지라 부른즉, 너희가 나그네로 있을 때를 두려움으로 지내라"벧전 1:17고 간절히 권면한 것이다.

이 '두려움'은 공포가 아니라 거룩한 경외심이다. 이 사랑과 경외가 균형을 이룰 때, 알곡은 비로소 기쁨으로 순종하며 예배와 섬김의 삶을 살아간다. 그 삶은 어둠 속에서도 꺼지지 않는 등불처럼 빛난다.

알곡 성도의 두 번째 증표: 형제를 향한 진실한 사랑

알곡 성도의 두 번째 증표는 형제를 향한 진실한 사랑이다. 이는 선택이 아닌, 구원의 증거 그 자체다. 사도 요한은 생과 사를 가르는 절대적인 기준을 제시한다. "우리는 형제를 사랑하므로 사망에서 옮겨 생명으로 들어간 줄을 알거니와, 사랑하지 아니하는 자는 사망에 머물러 있느니라"요일 3:14. 이 말씀 앞에 우리는 정직하게 서야 한다. 당신은 진정 형제를 사랑하는가? 만일 그렇다면 당신은 생명 안에 거하는 자다. 그러나 마음속에 누군가를 향한 미움과 용서 못할 응어리를 품고 있다면, 그는 아직 사망의 그늘 아래 신음하는 자다.

성경은 여기서 한 걸음 더 나아가, 우리를 향한 무서운 경고를 발한다. "그 형제를 미워하는 자마다 살인하는 자니, 살인하는 자마다 영생이 그 속에 거하지 아니하는 것을 너희가 아는 바라"요일 3:15. 미움은 마음으로 짓는 살인이다. 이 경고들을 결코 가볍게 여겨서는 안 된다. 사랑의 씨앗만이 미움과 분쟁의 가시를 뽑아내고 화평의 열매를 맺게 한다. 알곡은 바로 이 사랑으로, 생명의 길을 걷는 자다.

알곡 성도의 세 번째 증표: 돌이킴과 정결함

알곡 성도의 세 번째 빛나는 표지는 회개하는 삶이다. 죄는 우리와 하나님 사이를 가르는 깊은 심연이요, 저주를 불러오는 어두운 그림자다. 회개를 통해서만 그 죄를 뿌리 뽑고, 하나님과의 끊어진 다리를 다시 이을 수 있다. 그리하여 세례 요한은 "회개하라, 천국이 가까웠느니라"마 3:2고 외쳤고, 예수님의 공생애 첫 음성 또한 "회개하라, 천국이 가까웠느니라"마 4:17였다.

회개란 자신이 죄인임을 뼈저리게 인정하고, 멸망의 길에서 발걸음을 돌려 예수를 구주와 주인으로 믿고 따르겠다고 결단하는 인생의 완전한 방향 전환이다. 회개 없이는 구원이 없고, 회개 없이는 영생도 없으며, 회개 없이는 천국의 문 또한 열리지 않는다. 10년, 20년을 교회에 다녔어도 진정한 회심이 없었다면, 그는 하나님 나라의 문턱에도 이르지 못한 자일 뿐이다. 그렇다면 회개를 거부하는 자의 운명은 어떠한가? 죄의 용서가 없다. 저주의 멍에가 그의 어깨를 떠나지 않는다. 예배와 기도는 하늘에 닿지 못한 채 공허한 메아리로 흩어진다. 마귀가 그 인생의 틈을 비집고 들어와 사고와 질병으로 고난을 안기고, 요나처럼 환난의 풍랑 속에서 영원히 헤매게 만든다.

알곡 성도의 네 번째 증표: 삶에서 맺는 성령의 열매

알곡 성도의 네 번째 증표는 삶으로 증명되는 성령의 열매다. 주님께서는 "그들의 열매로 그들을 알리라"마 7:16고 말씀하시며, 우리의 삶을 비추는 거울을 주셨다. 그 열매란 무엇인가? 갈라디아서는 아홉 가지 빛나는 성품을 제시한다. "오직 성령의 열매는 사랑과 희락과 화평과 오래 참음과 자비와 양선과 충성과 온유와 절제니, 이 같은 것을 금지할 법이 없느니라"갈 5:22-23. 이제 이 거울 앞에 우리 자신을 비추어 보아야 한다. 내 삶에 사랑의 향기가 퍼지고 있는가? 구원의 기쁨이 메마르지 않고 샘솟는가? 모든 이와 더불어 화평을 누리려 애쓰는가? 억울한 상황 속에서도 오래 참고, 나를 힘들게 하는 이에게 자비를 베풀며, 선한 행실로 하나님의 영광을 드러내는가? 맡겨진 일에 충성하고, 강함이 아닌 온유함으로 사람을 대하며, 욕망을 절제하는 거룩한 능력이 있는가?

이 질문 앞에 자유롭다면, 당신은 거듭난 자요 하나님의 자녀임이 틀림없다. 그런 성도는 세상이 어두울수록 더욱 환하게 빛나고, 썩어 가는 세상 속에서 부패를 막는 소금이 된다. 그는 살아도 주를 위해, 죽어도 주를 위해 살기에 더 이상 삶과 죽음이 두렵지 않다. 전능하신 주님께서 그 인생 전부를 책임지시기 때문이다.

잠시 엿본 영원: 한 목회자의 천국 이야기

천국을 향한 소망을 품고 믿음의 좁은 길을 걷는 이들에게는, 하늘의 위로를 간접적으로라도 엿본 이들의 체험이 큰 격려와 소망이 되곤 한다. 몇 해 전 한 목사님의 설교에서, 천국을 다녀온 한 목회자의 생생한 체험담이 소개된 적이 있다. 오래전 들었던 그 내용을 떠올리며, 다시금 그 장면들을 마음속에 그려 보게 되었다. 부산과 청주 지역에서 사역하셨던 김상호 목사님후반부에 소개될 김상호 장로님과는 동명이인, 사랑하는 아내를 먼저 떠나보낸 지 일주일 만에 심장마비로 쓰러졌던 그는, 사흘 만에 다시 살아나면서 천국에서의 놀라운 경험을 간증으로 전하게 되었다. 이 글은 그 기억을 더듬어 재구성한 것으로, 하나님의 위로와 소망이 얼마나 실제적인지를 보여 주는 감동적인 이야기다.

죽음의 순간, 흰옷을 입은 세 천사가 그의 옆구리를 붙잡고 "집으로 가자!"라고 말했다. 아래를 내려다보니 자신이 누워 있는 모습이 보였다. 놀란 그는 천사에게 물었다. "지금의 나는 누구이고, 저 아래 누워 있는 나는 누구입니까?" 천사가 대답했다. "저것은 네가 50 평생을 담았던 껍데기고, 이제 영원한 집으로 가자." 천사들에게 이끌려 별들 사이를 지나 한참을 가다 보니 갑자기 새로운 우주가 눈앞에 펼쳐졌는데 눈이 부실 정도로 아름다웠다. 새 예루살렘 성 입구에 이르자, 성문을 지키는 천사들이 생명책을 펼쳐 "김상호"라는 이름을 확인하고 입성을 허락했다. 또 다른 천사가 책을 펼쳤는데, 거기에는 그가 어린 시절부터 지은 죄가 하나도 빠짐없이 기록되어 있었다. 성안으로 들어서자 예수님께서 따스한 미소로 맞아 주셨다. 생명의 강이 흐르는 강가에는 무성한 나무들이 늘어서 있었고, 나무 아래 벤치에서 천사들과 성도들이 기쁨으로 교제하고 있었다. 손을 뻗어 과일을 따 먹으니, 그 순간 몸에서 향기가 되어 뿜어져 나왔다. 천국에는 화장실도, 쓰레기통도 없었다. 먹어도 부패하지 않는 순수한 음식이기에 모두 향기로 화한다고 했다. 이어 큰 공회당 같은 건물로 인도되었는데, 맨 위 좌석에는 예수님께서 앉아 계셨고, 맞은편 앞자리에는 순교자들이, 그다음은 주의 종들이, 또 그다음은 평신도들이 앉아 예배를 드리고 있었다.

조금 걷던 중 예수님께서 말씀하셨다. "너는 천국에 오래 머물 수 없다. 어디를 보고 싶으냐?" 그가 "일주일 전 이곳에 온 제 아내를 만나고 싶습니다"라고 대답하자, 주님은 그를 화려한 맨션으로 데려가셨다. 문이 열리며 빛나는 흰 드레스를 입은 부인이 아름다운 모습으로 나타났다. "여보!"라며 반갑게 부르자, 그녀가 말했다. "여기서는 부인이 아니라 모두 형제라 불러요. 내가 죽은 뒤 형제님과 자식들이 슬퍼하는 것을 보고 예수님께 특별히 부탁드려 형제님이 이곳을 잠시 방문하게 된 것입니다. 그러니 세상에 돌아가 자식들에게 어머니가 천국에서 행복하게 산다고 전하고, 내가 여기서 기다리니 예수님을 잘 섬기다가 올라오라고 말해 주세요" 하는 것이었다. 손을 내밀어 악수하려 하자 그녀가 거절하며 말했다. "형제님은 아직 땅에 몸이 남아 천국 사람이 아니니 내 몸을 만지지 마세요." 예수님께서 다시 "어디를 더 보고 싶으냐?"고 물으셨고, 그는 "제 집을 보고 싶습니다"라고 대답했다. 주님은 크고 작은 맨션들이 즐비한 마을로 그를 이끄셨다. "김상호"라는 문패가 붙은 집 앞에 이르렀는데, 놀랍게도 지붕이 없었다. "왜 지붕이 없습니까?"라는 질문에 주님께서 대답하셨다. "아직 세상에서 재료가 다 올라오지 않았기 때문이다. 네가 내려가 전도와 봉사, 선한 행위를 더 많이 하면 그 재료로 지붕이 완성될 것이다. 그때 내가 너를 다시 부를 것이다."

그 말씀을 마치시자마자 주님께서 천사에게 급히 명하셨다. "빨리 데려가라! 사람들이 지금 관에 넣어 묻으려 한다. 그러면 들어갈 집이 없어진다." 천사들과 함께 내려오던 중, 뒤에서 "잠깐!"이라는 소리가 들리더니 아브라함이 뛰어와 이렇게 당부했다. "지상에 내려가면 사람들에게 예수님이 생각보다 속히 오신다고 전해 주게. 깨어 준비하지 않으면 예상치 못한 때에 주님이 오실 테니, 깨어 기도하며 준비하라고 내 백성에게 말해 주게." 대답을 마치고 천사들과 지구로 돌아와, 집 지붕 위에서 보니 관 옆에 자신의 시신이 있고 교역자들이 찬송을 부르고 있었다. 시신 발치에 서자 천사가 그를 밀었고, 영혼이 다이빙하듯 몸속으로 들어가며 순간 살아났다. 눈을 떠 보니 그는 아랫목에 누워 있었고, 조문객들이 방 안에 가득했으며, 아이들은 울고 있었다. 그는 천국을 30분쯤 다녀왔다고 생각했지만, 실제로는 사흘이 지나 있었고, 그날은 그의 시신을 땅에 묻으려던 바로 그 순간이었다.

아버지의 집을 향한 마지막 질문: 나는 어디로 가는가?

주님은 이렇게 약속하셨다. "너희는 마음에 근심하지 말라… 내가 너희를 위하여 거처를 예비하러 가노니… 다시 와서 너희를 내게로 영접하여, 나 있는 곳에 너희도 있게 하리라"요 14:1-3. 천국은 영원한 아버지의 집이다. 그곳엔 우리를 위해 준비된 거처가 있고, 주님은 오늘도 알곡 같은 성도들을 그곳으로 이끌고 계신다. 이 소망이 있었기에 수많은 성도들이 목숨을 걸고 믿음을 지켰고, 사도 바울도 "세상을 떠나 주와 함께 있는 것이 훨씬 좋은 일이라"고 고백할 수 있었다.

그러나 어떤 이들은 교회에 와서도 함부로 말하고, 함부로 행동하며, 결국 가라지처럼, 쭉정이처럼 영원한 것을 잃고 만다. 당신은 알곡 성도인가? 하나님을 사랑하고 이웃을 사랑하며, 회개와 성령의 열매가 삶 속에 맺히고 있는가? 성령의 열매는 그리스도와 동행하는 삶의 증거다. 그날, 천국의 문은 성령 안에서 믿음으로 살아 낸 이들에게 열릴 것이다.

그 은혜가 당신을 알곡으로 빚어, 아버지의 집으로 인도하실 것이다. 그러나 우리는 알지 못한다. 그 은혜가 우리를 언제, 어디서 부르실지. 한 사람의 마지막이, 가장 놀라운 시작이 되기도 한다. 하나님의 은혜가 누구를 구원의 문으로 이끄시는지를, 이제 깊이 살펴보자.

제6장
결국, 믿음이 운명을 바꾼다
눅 23:39-43

마지막 순간의 고백, 구원이 만능열쇠인가?

어느 날 유튜브에서 유명한 한 목회자의 설교를 들었다. 한 성도가 질문했다. "불신자였던 시어머니가 임종 직전, 가족의 간절한 권유로 예수님을 믿겠다고 고백했는데, 천국에 가셨을까요?" 그는 망설임 없이 대답했다. "고백했다면 구원받은 것이 맞습니다." 그는 그 근거로 누가복음 23장에 나오는 '오른편 강도' 이야기를 인용했다. 이처럼 달콤한 '값싼 복음'이 오늘날 강단을 뒤덮고 있다. 평생 주를 외면했어도 마지막 고백 한마디면 충분하다는 위로가 '그래도 교회는 다녔으니…' 하는 막연한 기대를 부추긴다.

과연 그러한가?

예수님의 경고는 서늘하리만치 단호하다. 주님은 먼저

"사람이 성령으로 거듭나지 아니하면 하나님 나라를 볼 수 없느니라"고 못 박으셨다. 나아가 입술의 고백이 아닌 "아버지의 뜻대로 행하는 자"만이 천국에 들어간다고 선언하심으로써, 거듭난 삶의 증거를 엄중히 요구하셨다.

사도 바울이 말한 '입으로 시인하여 이르는 구원'롬 10:10 역시, 이처럼 삶의 변화를 동반하는 '마음의 믿음'이 전제될 때만 유효한 것이다.

그렇다면 구원의 기준은 찰나의 고백인가, 삶으로 증명하는 믿음인가? 왜곡된 신학의 틀에 갇혀 영혼들을 안일함의 늪으로 이끄는 값싼 위로를 경계하고, 성경이 제시하는 참된 구원의 길, 그 순종의 여정을 다시금 성찰해야 할 때이다.

성령께서 밝히신, '지옥에 가는 신자' 다섯 유형

어느 날 기도하던 중, 성령께서 내게 이렇게 말씀하셨다. "성경을 덮고, '지옥에 가는 신자'라는 제목으로 설교를 조립하라. 다섯 가지 유형이 있다." 그때까지 나는, 앞에서 언급한 목회자처럼, 단지 예수를 입으로 시인하기만 하면 구원이 보장된다고 믿는 설교들만 들어 왔기에, 교회에 다니는 많은 신자들 중에도 지옥에 이를 수 있다는 사실을 알지 못하고 있었다. 그저 '믿기만 하면 된다'는 것이 구원의 복음인 줄로만 알았다. 성령의 말씀을 들은 나는 성경을 덮고 세 가지 유형을 적었다.

첫째는 죽은 믿음을 가진 자,

둘째는 성령을 모독한 자,

셋째는 믿음을 저버린 배교자.

그렇게 세 가지를 적고 나서 잠시 머뭇거릴 때, 성령께서 다시 말씀하셨다.

"이단에 빠진 자와 거짓 선지자."

그 순간 나는 알았다. 이것은 설교 하나를 위한 지식이 아니라, 내 영혼의 지축을 흔드는 하늘의 음성이며, 내 남은 사역의 방향을 결정짓는 불같은 명령이었다. 안일했던 구원관의 성벽이 무너져 내렸고, 나는 그 잿더미 속에서 비로소 회개의 진리 앞에 벌거벗은 채 서게 되었다. 그날 내 영혼에 붙었던 불이, 오늘 나를 다시 강권한다. 이 시대의 강단은 '괜찮다'는 값싼 위로로 넘쳐나지만, 그 달콤함의 끝이 영원한 후회일 수 있음을 알았기 때문이다. 이 외침은 누군가를 정죄하기 위함이 아니다. 한 영혼이라도 더 깊은 잠에서 깨워 아버지의 집으로 인도하려는, 절박한 사랑의 빛이다. 그러므로 나는 오늘, 이 책에 다시 그 생명의 경고를 새긴다.

1. 열매 없는 믿음: 죽은 신앙의 결과

첫 번째 부류는 죽은 믿음의 소유자들이다. 이들은 교회에 오랜 세월 출석한다 해도, 결국 지옥의 길을 피하지 못한다. 성경은 회개하고 예수를 믿는 자에게 성령을 선물로 약속하셨고행 2:38, 성령으로 거듭난 자는 자연스럽게 아름다운 성령의 열매를 맺기 마련이다. 이 열매야말로 영생을 얻은 확실한 증거이다.

주님께서는 "그들의 열매로 그들을 알지니… 아름다운 열매를 맺지 않는 나무마다 찍혀 불에 던져지느니라"마 7:16, 19고 단언하셨다. 교회를 수십 년 다녔어도 삶에 거짓과 분쟁, 음행과 탐심, 교만과 이기심 같은 육체의 열매만 가득하다면, 이는 성령이 그 안에 계시지 않는 증거이며 스스로 죽은 믿음을 가졌음을 드러낼 뿐이다. '씨 뿌리는 비유' 역시 좋은 땅에 뿌려져 열매 맺는 믿음만이 구원에 이름마 13:23을 분명히 보여 준다.

그렇다면 임종 직전의 고백은 어떻게 보아야 할까? 많은 이들이 십자가 오른편 강도의 구원을 그 증거로 내세운다. 그러나 그의 구원은 결코 값싼 고백 한마디의 결과가 아니었다. 그의 짧은 외침 속에는 참된 믿음의 모든 요소가 응축되어 있었다.

- **하나님을 향한 경외와 회개**: 그는 다른 행악자를 꾸짖으며 "네가 동일한 정죄를 받고서도 하나님을 두려워하지 아니하느냐"눅 23:40고 외쳤다. 이는 죽음 앞에서 터져 나온 깊은 회개의 증거였다.
- **예수의 의로움에 대한 믿음**: 그는 "우리는 우리가 행한 일에 상당한 보응을 받는 것이니… 이 사람이 행한 것은 옳지 않은 것이 없느니라"눅 23:41고 선언하며, 예수님이 죄 없는 의인임을 온전히 믿었다.
- **메시아 되심과 하나님 나라에 대한 소망**: 그는 "예수여, 당신의 나라에 임하실 때에 나를 기억하소서"눅 23:42라고 간구했다. 이는 예수님을 장차 도래할 하나님 나라의 왕, 즉 메시아로 믿는 신앙고백이었다.

이처럼 그의 구원은 단순한 말 한마디가 아닌, 회개와 믿음, 소망의 정수가 담긴 온전한 고백의 결과였다. 바로 이 지점에서 우리는 오늘날 만연한 '즉석 구원'의 위험성을 발견한다. 가족의 강권에 못 이겨 믿는다고 말하거나, 사영리四靈里의 틀에 따라 기도문을 한 번 따라 했다고 해서 구원을 선포하는 관행은, 믿음의 본질을 흐릴 수 있는 '다른 복음'이 될 위험이 크다. 마음의 진실한 믿음과 회개가 결여된 고백은, 영생의 열매를 맺지 못하는 공허한 메아리에 불과하다.

2. 성령 모독: 용서받지 못할 끔찍한 죄

두 번째, 천국에 결코 들어갈 수 없는 이들은 성령을 모독하는 죄를 범한 자들이다. 이 죄의 본질은 예수님의 사역에서 명확히 드러난다. 주님께서 성령의 능력으로 귀신을 쫓아내고 온갖 병을 고치시자, 바리새인들은 그 거룩한 역사를 "귀신의 왕 바알세불을 힘입었다"고 악의적으로 모함했다. 바로 그때 주님께서는 인류를 향한 가장 무서운 경고를 선언하셨다.

"사람에 대한 모든 죄와 모독은 사하심을 얻되 성령을 모독하는 것은 사하심을 얻지 못하겠고, 누구든지 말로 인자를 거역하면 사하심을 얻되 누구든지 말로 성령을 거역하면 이 세상과 오는 세상에서도 사하심을 얻지 못하리라" 마 12:31-32.

그렇다면 오늘날 성령 모독의 죄는 어떻게 나타나는가?

이는 성령께서 주의 종들을 통해 행하시는 회개와 치유, 중생과 권능의 역사를 정면으로 짓밟고, 이를 사탄의 일로 매도하는 끔찍한 죄악이다. 성령께서는 지금도 당신의 종들을 통해 불세례를 베푸시고, 귀신의 사슬에서 사람들을 해방하며 하나님 나라의 일을 행하신다. 그럼에도 불구하고, 이러한 성령의 역사를 향해 "신비주의다", "이단이다"라며 함부로 독설을 퍼붓는 행위가 바로 성령을 대적하는 것이다.

그러므로 우리는 다음 사실을 명심해야 한다. 말씀에 정통하고 깊은 영성을 지녔으며, 성령의 권능이 표적과 증거로 함께하는 목회자는 분명 '하나님의 사람'이다. 특히, 성령으로 충만한 종이 강단에서 선포하는 주님의 뜻에 정면으로 맞서거나 시비를 거는 행위는, 스스로를 용서받지 못할 죄의 길로 내모는 가장 무서운 일이 될 수 있음을 깊이 명심해야 한다.

3. 믿음의 배반: 돌아설 수 없는 타락의 길

세 번째, 구원의 길에서 돌이킬 수 없는 이들은 믿음을 저버린 배교자들이다. 사도 베드로는 차라리 진리의 길을 몰랐던 편이, 알고 난 뒤에 등 돌리는 것보다 낫다고 단언했다. 한번 빛을 보았다가 돌아선 자의 마지막은 처음보다 더욱 비참해지기 때문이다벧후 2:20-21. 예수님께서도 떠났던 귀신이 일곱의 더 악한 귀신을 데리고 돌아오면 그 사람의 형편이 이전보다 훨씬 비참해진다고 경고하셨다마 12:45.

이 배교의 실상에 대해 히브리서는 가장 엄중히 경고한다. 복음의 빛을 체험하고, 성령의 임재를 맛보았으며, 하나님 말씀의 선하심과 내세의 능력을 경험한 사람이 만약 타락한다면, 이는 아예 다른 차원의 문제다. 성경은 그러한 타락이 "하나님의 아들을 다시 십자가에 못 박아 드러내 놓고 욕되게 하는 행위"이므로, 그들을 "다시 새롭게 하여 회개에 이르게 하는 것이 불가능하다"고 선언한다히 6:4-6.

이 무서운 경고는 오늘날, 특히 성직의 길을 걷는 이들에게 더욱 날카롭게 향한다. 복음의 진리를 버리고 세속의 권력이나 물질과 타협한 자들, 일제 강점기에 민족의 양심을 저버리고 신사참배를 정당화했던 자들이 바로 이 경고의 실례이다. 그들의 행위는 그리스도를 다시 십자가에 내어 주는 배교이며, 스스로 구원의 문을 닫고 용서받을 회개의 기회마저 영원히 상실하게 만드는, 돌아설 수 없는 타락의 길이다.

4. 이단의 덫: 왜곡된 진리와 멸망의 길

 네 번째, 멸망의 길을 걷는 이들은 이단에 속한 자들이다. 하나님의 말씀은 일점일획도 변하지 않지만, 이단은 그 절대적인 진리에 사람의 생각을 덧붙여 교묘히 변질시킨다. 이렇게 왜곡된 진리는 구원의 길을 가로막는 치명적인 덫이 되며, 그 결과 이단의 지도자는 물론 그 꾐에 빠진 추종자들 모두 영원한 멸망에 이르게 된다.

 가령 마리아에게 기도해야 구원받는다거나, 교황이 그리스도의 대리자라는 주장은 성경이 아닌 사람이 만든 교리이다. 또한 몰몬교, 여호와의 증인, 안식교, 신천지, 구원파와 같이 명백한 이단들은 성경의 핵심을 왜곡하여 영혼들을 사냥한다. 이들의 독소가 얼마나 치명적인지, 사도 요한은 "그들을 집에 들이지도 말고 인사도 하지 말라"고 명하며요이 1:10, 교제 자체를 금하는 극약 처방을 내렸다. 요한이 이토록 단호했던 이유는 그 영적 실상을 꿰뚫어 보았기 때문이다. 이단 사상을 받아들이는 것은 단순히 교리가 다른 것을 넘어, 그 배후에 있는 거짓의 영을 받아들이는 행위이다. 일단 이단의 영에 속박되면, 영혼은 거짓 교리의 사슬에 묶여 참된 진리를 분별할 능력을 잃고, 결국 돌이킬 수 없는 파멸의 길로 끌려가게 된다.

　경북 안동 출신의 40대 자매가 뉴욕에 사는 아버지 집을 방문한 적이 있었다. 주일에 그녀가 교회 예배에 참석했고, 예배 후 친교 시간에 목양실에서 그녀의 부모와 함께 점심을 나누며 대화를 나눴다. 그녀의 얼굴을 자세히 보니 영적으로 무엇인가에 사로잡혀 있는 기운이 느껴졌다. "지금 무슨 일을 하느냐?"고 묻자, 목회를 하다 잠시 쉬고 있다고 답했다. 교단을 물으니 복음선교회라는 곳에서 24년간 몸담았으며, 그곳에서 전도왕이 될 정도로 열심히 충성하다 최근 사임했다고 했다. 복음선교회는 이단으로 정죄받은 단체로, 교주가 상습적인 성범죄로 10년 형을 복역하고 출소한 뒤 또다시 같은 죄로 17년 형을 받고 수감 중인 사이비 집단이다. 그러나 신도들은 교주가 세상으로부터 모함과 박해를 받는 것이라 세뇌되어 있어 그 조직은 여전히 유지되고 있다. 나는 자매에게 이단의 폐해를 조목조목 설명하며, 남은 기간 동안 함께 바이블 스터디를 해 보는 것이 어떻겠느냐고 권유했다. 그녀는 흔쾌히 응했다. 그러나 그녀를 오랫동안 지배해 온 이단의 영들을 쫓아내야 하는 심각한 문제가 남아 있었다. 나는 자매에게 3일간 금식하며 회개할 것을 권했다. 그리고 이 영혼을 불쌍히 여기시어 악한 세력에서 구원해 달라고 기도하기 시작했다. 그간 사탄에게 바쳤던 열정을 이제 복음에 쏟을 수 있도록 한 번만 기회를 주시길 간구했다. 한참 기도하던 중, 성령께서 내게 자매의 영적 상태를 알려 주셨는데, 그녀의 심령 속에 거대한 구렁이가 똬리를 틀고 있는 환상이 보였다. 이는 강력한 이단의 영이 자매를 지배하고 있음을 뜻한다, 마치 성경에서 사탄이 뱀으로 나타난 것처럼계 12:9. 그 영을 주님의 이름으로 쫓아내고, 성령의 권능으로 그녀를 진리의 자유로 이끌어야 했다.

회개와 권능: 이단 영으로부터의 해방

오랜 세월 이단에 빠져 사탄을 섬기고, 거짓 복음으로 영혼들을 멸망에 빠뜨린 죄를 회개해야 한다. 그리고 자신이 전도한 사람들에게 사죄하고 이단 소굴에서 건져 내어 참된 복음으로 회심시켜야 한다고 말해 주었다. 자매는 이 말을 듣자마자 즉시 행동에 나섰다. 10일간 금식하며 매일 교회당에 나와 가슴을 치고 눈물로 회개했다. 그녀는 악한 자들에게 속아 20대와 30대라는 귀한 시절을 사탄의 종으로 허비한 세월이 억울해 기도하고 통곡하며 하나님께 용서를 구했다. 금식 4일째, 자매가 나에게 안수를 요청하기에 머리에 손을 얹고 기도하는 순간 그녀의 온몸이 심하게 떨며 요동쳤다. 기도를 마친 후 자매는 신비한 체험을 얘기했다. "목사님께서 제 머리에 손을 얹으시자마자 뜨거운 열기가 제 속으로 들어왔어요. 얼마나 뜨거웠는지 섭씨 100도쯤 되는 물이 속에서 끓는 것 같아 견딜 수 없을 정도였습니다." 그녀는 눈물을 흘리며 감사했다. 주님께서 귀한 은혜를 베풀어 주신 것이다. 그녀의 회복에 주님께 찬양드린다, 할렐루야! 이틀 뒤 다시 안수를 했을 때도 동일한 현상이 일어났고, 그 순간 주님께서 환상으로 구렁이의 꼬리를 손으로 잡아 쭉 뽑아내는 장면을 보여 주시며, 사탄의 세력을 쫓아내심을 알게 하셨다, 마치 주님께서 '귀신을 쫓아내라'마 10:8 하신 말씀처럼. 이런 일은 인간의 지혜나 힘으로 불가능하며, 오직 성령의 권능으로만 이루어진다. 이단 영으로부터 자유를 얻은 자매는 원래 한 달로 예정했던 체류기간을 두 달 더 연장하며 예배와 성경공부에 열정을 쏟았다. 성령의 권능으로 새 힘을 얻은 그녀는 자신이 전도했던 세 자매에게 연락하여 "살 수 있는 길로 인도하시는 목사님을 뉴욕에서 만날 수 있으니 지체하지 말고 여기로 오라"고 간절히 권했다. 성령의 치유 권능으로 초청받은 세 자매들 역시 이단의 영을 쫓아내고 새 삶을 얻어 돌아갔다.

보이지 않는 속박: 영적 싸움과 참복음의 능력

사람들은 영의 세계를 알지 못하기에, 이단 교회에 다니다가 정통 교회로 옮기면 모든 것이 해결된다고 쉽게 생각한다. 그러나 영적인 문제를 해결하지 않는 한, 몸은 교회에 다닐지라도 이단의 영에 조종당하며 살아가게 된다. 이 경우 생각과 행동은 과거와 조금도 달라지지 않는다. 기독교 신앙을 이론적이고 문자적인 지식으로만 접근하는 것은 심각한 오류다. 복음은 인간의 두뇌에서 나온 사유의 결과물이 아니다.

복음은 죄로 인해 거대한 악의 세력에 사로잡혀 신음하는 죄인들을 구원하시고자, 그리스도께서 자신의 목숨으로 그들의 죗값을 대신 지불하신 사랑의 소식이다. 그분의 죽음과 부활을 통해 죄인들을 죄와 둘째 사망에서 해방하셨으니, 주 예수를 믿고 구원받으라는 기쁜 소식이 바로 복음이다. 이 복음을 믿고 구원받은 자가 다시 죄에 빠진다면 어떻게 되겠는가? 사탄의 세력이 다시 들어와 그들을 지배

한다마 12:43-45. 아무리 선행을 쌓고 사람들에게 존경받는 인물이라 해도, 누룩이 섞인 다른 복음과 다른 예수를 믿는 이단에 속한 자들은 지옥으로 향한다. 요한일서 5장 16절에서 "사망에 이르는 죄가 있으니, 이에 관하여 나는 구하라 하지 않노라"고 경고한 말씀은 이와 같은 이단의 위험을 단호히 지적한다.

5. 거짓 선지자: 양의 탈을 쓴 영혼의 약탈자

성령께서 마지막으로 지옥에 이르는 부류로 거짓 선지자를 지목하셨다. 선지자란 하나님의 말씀을 전하는 직분을 받은 자들이다. 그런데 문제는 과거든 지금이든 거짓 선지자가 많다는 것이 문제다. 특히 예수님께서는 마지막 때에 거짓 선지자들이 많이 나타나 사람들을 미혹할 것이라고 거듭 경고하셨다마 24:11. 거짓 선지자들은 양의 탈을 쓰고 영혼을 노략질하는 이리와 같아 지극히 해로운 존재들이다. 그렇다면 거짓 선지자는 누구인가? 진리를 비틀어 예수님 말고 다른 구원의 길을 제시하는 자가 거짓 선지자다. 예수를 시인하기만 하면 구원받았다고 속이는 자, 그들은 거짓 선지자다. 율법은 폐기되었으니 예수만 믿으면 어떻게 살아도 괜찮다고 설파하는 자가 거짓 선지자다. 말씀대로 살라 요구하면서 자신은 따르지 않는 삯꾼이 거짓 선지자다. 하나님의 말씀을 달콤한 말로 포장해 속이는 자, 부르심 없이 강단을 훔친 자도 거짓 선지자다. 이런 자들은 영혼을 미혹하여 불법의 덫에 빠뜨리지만, 성령의 불타는 권능은 지금도 회개하는 자를 거짓의 사슬에서 풀어 주시고, 참된 자유의 길로 인도하신다!

다원주의의 유혹: '다른 길'은 없다

거짓 선지자의 가장 교묘한 형태 중 하나는 '종교 다원주의'라는 탈을 쓰고 나타난다. 이들은 예수 그리스도만이 유일한 구원의 길임을 부정하고, 모든 종교에 구원이 있다는 관용적인 메시지로 진리를 흐린다. 이는 수많은 영혼을 멸망으로 이끄는, 시대의 가장 위험한 도전이다. 이러한 다원주의적 구원관이 사회에 큰 파장을 일으킨 대표적인 사례로, 생전에 존경받았던 김수환 추기경의 발언을 들 수 있다. 철학자 김용옥이 "기독교는 예수만 믿어야 구원받는다는 배타적 태도를 지녔다"고 비판하며 "복음이 전해지지 않은 시대의 사람들은 어떻게 되는가?"라고 묻자, 추기경은 이렇게 답했다. "그때에도 하나님은 계셨습니다. … 예수만 믿어야 구원받는 것이 아니라, 불교나 다른 종교를 믿어도 선한 삶을 통해 구원받을 수 있습니다." 하나님의 보편적 사랑을 강조하려는 의도였을지 모르나, 이 답변은 성경의 핵심 진리를 정면으로 부정하는 것이다.

이에 대한 성경의 가르침은 한 치의 타협도 없이 단호하다. 예수님께서는 친히 "내가 곧 길이요 진리요 생명이니 나로 말미암지 않고는 아버지께로 올 자가 없느니라"요 14:6고 선언하시며, 구원의 유일한 통로임을 명확히 하셨다. 사도들 또한 "다른 이로서는 구원을 받을 수 없나니 천하 사람 중에 구원을 받을 만한 다른 이름을 우리에게 주신 일이 없음이라"행 4:12고 못 박았다.

구원의 길은 오직 예수 그리스도 한 분께만 열려 있으며, 성령의 역사 없이는 누구도 이 유일한 구세주를 "주님"이라 고백할 수 없다고전 12:3. 따라서 예수 이외의 다른 길을 제시하는 모든 가르침은, 아무리 선한 의도로 포장되었다 할지라도, 사도 바울이 "하늘로부터 온 천사라도… 저주를 받을지어다"갈 1:8라고 선포한 '다른 복음'이며, 왜곡된 진리다.

오직 예수: 돌이킬 마지막 기회

다원주의는 오늘날 교회를 무너뜨리는 가장 교묘하고 치명적인 독소다. 만일 선한 양심이나 다른 종교를 통해서도 구원이 가능하다면, 왜 하나님의 아들이 이 땅에 오셔서 그토록 처절하게 피 흘리셔야 했는가? 그분의 십자가 죽음은 수많은 구원의 방식 중 하나가 아니라, 인류를 향한 하나님의 유일하고도 절대적인 대속의 희생이었다.

그럼에도 이 진리를 흐리는 가르침은, 아무리 선한 의도로 포장되었다 할지라도, 성경이 저주하는 '다른 복음'이며 영혼을 파멸시키는 거짓이다. 성경은 결코 애매하게 말하지 않는다. "다른 이로서는 구원을 받을 수 없나니, 천하 사람 중에 구원을 받을 만한 다른 이름을 우리에게 주신 일이 없음이라"행 4:12. 이 진리는 타협할 수 없는 구원의 절대 기준이다.

그러나 이 유일한 길을 왜곡하고 외면한 이들의 마지막은 비참하다.

지금은 마지막 때다. 천국과 지옥을 다녀온 이들의 증언이 이어지고 있는 이 시대에, 많은 이들이 공통적으로 입을 모아 말한다. "지옥에는 수많은 크리스천과 유명한 목회자들이 있었습니다." 그들은 자신이 구원받았다고 믿었지만, 결국 스스로 속았던 것이다. 열매 없는 죽은 믿음을 가졌던 자들, 성령의 역사를 모독했던 자들, 은혜를 배반한 배교자들, 이단의 덫에 걸린 자들, 그리고 양의 탈을 쓰고 영혼을 미혹한 거짓된 목회자들은 모두 "주여, 주여" 부르짖었으나 하나님의 뜻대로 살지 않았기에 그날 버림을 받았다.

그러나 이 모든 경고는 우리를 정죄하거나 절망시키려는 것이 아니다. 오히려 그것은 지금이야말로 회개할 수 있는 마지막 기회임을 알리는 하나님의 자비요, 가장 절실한 사랑의 부르심이다. 은혜는 결코 값싼 것이 아니며, 예수 그리스도의 피로 값 주고 산 복음이기에 가볍게 여겨서는 안 되지만, 그럼에도 회개의 문은 아직 닫히지 않았고, 지금 이 순간에도 우리 앞에 활짝 열려 있다. 그러므로 이 경고의 음성을 듣고, 아직 숨 쉴 수 있는 오늘이라는 이 시간을 붙잡아 돌이킬 수 있다면, 그것이야말로 하나님께서 주시는 은혜 중의 은혜요, 영원한 생명을 향한 회복의 첫걸음이 될 것이다.

이제 우리는 말씀 앞에 정직히 서야 한다. 진리를 외면했던 교만을 회개하고, 무너진 신앙의 제단을 다시 쌓아야 한다. 이 은혜의 부르심은 단지 우리를 멈추게 하는 것이 아니라, 무너졌던 삶을 다시 일으켜 세우고, 새로운 출발을 가능케 하는 하나님의 능력이다. 그렇다면 우리는 이제 어디서부터, 어떻게 다시 시작해야 하는가? 그 해답을 찾기 위해, 우리는 이 회개의 길 위에서 믿음의 참된 첫걸음을 함께 내딛어야 한다.

제2부

나는 무엇을 해야 하는가?

- 삶의 방향을 묻다

제1장

지금 당신의 삶, 어디서부터 다시 시작해야 할까?

왕상 18:30-38

메마른 신앙 앞에서

지난 장에서 "나는 알곡인가, 쭉정이인가?"라는 물음 앞에 섰다면, 이제는 또 다른 질문이 남는다. "지금, 어디서부터 다시 시작해야 할까?" 하나님의 은혜는 회개의 문을 여시고 우리를 구원의 길로 부르신다. 하지만 이 은혜는 고백에만 머물지 않는다. 삶을 새롭게 하는 참된 믿음의 열매로 이어진다. 그러므로 성령의 열매 없이 메마른 내 신앙을 마주한다면, 나는 지금 어디에 서 있는지를 돌아보아야 한다.

"무너진 제단을 다시 쌓으라."

이 말씀은 단순한 외침이 아니다. 하나님이 보내시는 은혜의 부르심이요, 신앙을 회복하라는 간절한 초대다. 무너진 제단을 그대로 두고는 다시 시작할 수 없다. 신앙의 중심이 흔들렸다면, 가장 먼저 회복해야 할 것은 제단이다.

아합 왕 시대를 보라. 이세벨은 여호와의 제사장들을 죽이고, 하나님의 제단을 허물었다. 그 죄로 인해 하나님은 하늘을 닫으셨고, 3년 반 동안 비와 이슬을 거두셨다. 이스라엘 땅은 갈라졌고, 초목은 시들었으며, 백성은 굶주림 속에 신음했다.

갈멜산의 외침: 엘리야, 거짓 신 앞에 서다

그때 엘리야가 나섰다. 그는 단호하게 왕을 찾아가 바알과 아세라 우상의 선지자들을 모두 갈멜산에 불러 모으라고 요구한다. 그의 계획은 명확하다. 자신과 바알의 선지자 450명이 각기 제사를 드리고, 하늘에서 불로 응답하는 신을 참하나님으로 인정하자는 것이다. 송아지 한 마리씩을 제물로 삼아 준비하고, 바알 선지자들이 먼저 예배를 드리는 순서로 정한다. 그들은 제물을 바치고 점심때까지 광란의 춤을 추며 응답을 구걸하지만, 아무 일도 일어나지 않는다. 바알은 거짓 신이기 때문이다. 침묵만이 그들의 외침을 조롱했다.

이제 엘리야의 차례다. 그가 무너진 제단 앞에 섰을 때, 백성들은 말없이 그 모습을 지켜보았다. 아무도 주목하지 않았던 그 돌무더기 앞에, 엘리야는 거룩한 손을 얹어 하나씩 다시 세우기 시작했다. 이 순간은 단순한 복원이 아니라, 민족의 신앙을 다시 일으키는 영적 각성의 시작이었다. 열왕기상 18장 30절에서 그의 목소리가 울려 퍼진다. "엘리야가 모든 백성을 향하여 이르되 내게로 가까이 오라. 백성이 다 그에게 가까이 가매 그가 무너진 여호와의 제단을 수축하되고쳐 쌓고." 엘리야가 가장 먼저 한 일은 제단을 수축하는 것이다. 무너진 것을 고쳐 다시 쌓아 올리는 행위를 뜻한다. 그는 단순히 제사를 준비하는 데 그치지 않고, 무너진 예배의 자리를 회복하는 일을 우선으로 삼았다. 제단을 쌓은 후, 그는 제물을 올리고 물을 세 번이나 부어 제단을 흠뻑 적시고 기도했다. "아브라함과 이삭과 이스라엘의 하나님 여호와여, 주께서 이스라엘 중에서 하나님이신 것과, 내가 주의 종인 것과, 내가 주의 말씀대로 이 모든 일을 행하는 것을 오늘 알게 하옵소서"왕상 18:36.

기도가 끝나는 순간, 하늘이 열리고, 불이 내려와 제단 위 제물을 태우고, 도랑에 고인 물까지 핥아 버렸다. 이 초자연적인 광경 앞에서 백성들은 땅에 엎드려 외쳤다. "여호와 그는 하나님이시로다! 여호와 그는 하나님이시로다!"^{왕상 18:39}. 그 외침은 단순한 감정이 아니다. 회개와 깨달음의 고백이다. 엘리야는 이 기세를 몰아 백성들을 미혹했던 우상 선지자들을 체포하게 하고, 그들을 처형했다. 그는 하나님의 능력을 통해 우상이 헛됨을 만천하에 드러내며, 백성들의 신앙 회복에 결정적인 전환점을 만든다. 엘리야는 단순한 예언자가 아니다. 그는 무너진 제단을 다시 쌓아 예배를 회복하고, 하나님의 영광을 백성 앞에 선명히 보여 준 하나님의 종이다. 그의 용기와 순종은 오늘 우리에게도 묻는다. 우리의 제단은 어떤가? 무너진 채 방치되어 있지 않은가? 엘리야처럼 다시 쌓아 올릴 때가 아닌가?

제단, 마음의 성전: 예배와 생명의 통로

제단은 하나님을 예배하는 곳이다. 노아와 아브라함 같은 족장들은 자연석을 쌓아 제단으로 삼았고, 구약의 성도들은 산당이나 성막, 혹은 성전에 마련된 제단에서 제물을 바치며 하나님을 예배했다. 신약 시대에 접어든 우리에게는 두 가지 제단이 있다. 하나는 공적 예배를 드리는 교회당이고, 다른 하나는 성령이 거하시는 마음의 성전이다. 이 마음의 성전에 대해 고린도전서 3장 16-17절은 이렇게 경고한다. "너희는 너희가 하나님의 성전인 것과 하나님의 성령이 너희 안에 계신 것을 알지 못하느냐? 누구든지 하나님의 성전을 더럽히면 하나님이 그 사람을 멸하시리라." 이 말씀은 분명하다. 우리의 몸과 마음이 하나님의 거룩한 전이기에, 그것을 더럽히는 것은 곧 스스로 파멸을 자초하는 일이다. 그런데 진리가 선포되지 않는 교회, 성령의 역사가 없는 교회는 어떠한가? 그런 곳은 죽은 교회요, 제단이 무너진 교회다. 마찬가지로, 하나님의 말씀을 거역하고 불순종을 일삼는 자들의 마음 성전 역시 무너져 폐허나 다름없다. 무너진 제단은 회복되어야 한다. 제단이 무너지면, 예배는 생명력을 잃고, 기도는 힘을 잃으며, 말씀은 메아리처럼 흩어진다. 하늘 문은 닫히고, 복의 흐름은 멈춘다. 그래서 우리는 다시 제단 앞에 서야 한다. 철저한 회개만이 답이다. 무너진 제단을 고치고 다시 쌓아야 한다. 그래야 예배가 살아나고, 은혜의 문이 열린다. 제단이 회복되지 않는 한, 우리의 신앙은 공허한 껍데기에 불과하다. 지금이야말로 마음과 교회의 제단을 점검하고, 무너진 곳을 다시 세울 때다.

제단 회복의 능력: 막힌 것이 풀리고 대적이 떠나다

무너진 제단을 다시 쌓아야 한다. 예배가 회복되어야 막힌 물질의 문제가 풀린다. 엘리야를 보라. 그가 무너진 제단을 다시 세우고 예배를 회복하자, 하나님께서 하늘 문을 여시고 장대비를 내려 주셨다. 3년 반의 가뭄이 단번에 끝났다. 비가 온 땅을 적시자 초목이 살아나고 곡식이 자라면서 백성들의 먹고사는 문제가 해결되었다. 그렇다면 왜 우리의 삶은 늘 막히고, 수입은 줄며, 궁핍만 더해지는가? 혹시 교회의 제단이 무너졌는지, 내 마음의 제단이 황폐해지지는 않았는지 돌아보아야 한다. 제단이 무너지면 하늘 문도 닫히고, 물질의 통로 역시 막히기 때문이다.

예배가 회복되면 대적도 물러난다. 사무엘 시대, 이스라엘은 블레셋의 압제 속에 고통받고 있었다. 사무엘은 그 원인을 하나님과 우상을 함께 섬기는 혼합 신앙에서 찾았다. 그래서 그는 백성들을 미스바에 모아 금식하며 회개하게 했다. 그것은 곧 제단을 다시 세우는 예배 회복의 운동이었다. 그때 블레셋이 침입해 왔지만, 하나님께서 천둥과 번개로 그들을 흩으셨고, 이스라엘은 완전한 승리를 거두었다. 지금 우리의 삶은 어떤가? 사건과 사고, 반복되는 질병, 설명할 수 없는 억압과 혼란 속에 짓눌려 있지는 않은가? 삶의 여러 영역에서 대적의 흔적이 보인다면, 그것은 무너진 제단을 다시 쌓으라는 영적 사인이다. 제단이 무너지면 악한 영들이 틈타고 역사한다. 그러므로 철저히 회개하고 예배를 회복해야 한다. 예배가 회복될 때, 대적은 더 이상 머물 자리를 찾지 못한다.

하늘에 기록되는 예배: 천사들이 지켜보는 거룩한 순간

아름다운 제단에서 드리는 예배는 참으로 소중하다. 예전에 읽은 메리 케더린 백스터Mary K. Baxter 1940-2021의 책에 나온 한 장면이 지금도 선명하게 기억난다. 천사가 그녀를 인도해 시골의 작은 교회 예배를 보여 주는 장면이었다. 예배당의 지붕이 열리자, 30여 명 남짓한 성도들이 조용히 앉아 하나님께 예배하고 있었다. 설교자는 이사야 말씀을 전하고 있었고, 그의 양옆과 뒤에는 네 명의 천사가 조용히 서 있었다. 예배당 중간에도 천사들이 자리하고 있었으며, 손에는 책과 펜이 들려 있었다. 그들은 성도들의 태도와 마음, 헌금을 드리는 자세까지 하나하나 기록하고 있었다. 억지로 드리는지, 기쁨과 자원함으로 드리는지, 하늘은 모두 보고 계셨다.

가장 인상 깊었던 장면은, 설교자의 머리 위로 계속해서 기름 부음이 임하고, 그의 입을 통해 하나님의 영광이 흘러나오고 있었다는 대목이다. 말씀은 단순한 소리가 아니었다. 그것은 생명이었고, 하늘이 움직이는 순간이었다. 그 예배는 지상에서 드려졌지만, 하늘이 주관하고 계신 거룩한 예배였다.

예배가 끝나자, 천사는 그녀를 '기록의 방'으로 이끌었다. 그곳에는 전 세계의 예배를 기록하는 천사들이 모여 있었고, 펼쳐진 책들에는 나라와 도시, 교회의 이름은 물론, 예배에 임한 사람들의 태도까지 세밀하게 적혀 있었다. 목회자의 이름, 예배 순서, 회심한 영혼의 이름, 드려진 십일조와 헌금, 주를 위해 사용된 물질까지도 하나하나 빠짐없이 기록되어 있었다. 그 천사들은 매일 이 기록들을 천국으로 옮기며, 그것은 마지막 날, 하나님의 보좌 앞에서 펼쳐질 심판의 책이 된다고 했다. 이 장면을 읽는 순간, 가슴이 저릿해졌다.

예배는 단순한 종교 행사가 아니다. 우리가 드리는 예배는 하나님께 직접 올려지는 것이며, 그 순간 하늘 문이 열리고 천사들이 함께하며 은혜가 쏟아진다. 우리의 태도와 중심은 빠짐없이 기록되어, 마지막 날 하나님 앞에 증거로 서게 된다. 무너진 제단 위에 드리는 예배는 하늘에 상달되지 못하지만, 회복된 제단에서 드려지는 예배는 천사의 손에 들려 하나님 앞에 향기로운 제물로 올려진다.

제단을 허무는 죄들: 우상 숭배, 불용서, 불순종

그러면 주로 어떤 죄들이 마음의 제단을 무너뜨리는가? 우상 숭배는 믿음의 제단을 무너뜨린다. 하나님을 예배하는 일보다 더 중요한 것이 있다고 여기는 자는 이미 우상을 섬기고 있는 것이다. 특히 현대 교인들이 빠지기 쉬운 돈 우상은 극히 조심해야 한다. 주님께서 분명히 경고하셨다. "아무도 두 주인을 섬기지 못한다. 한쪽을 미워하고 다른 한쪽을 사랑하거나, 한쪽을 중히 여기고 다른 쪽을 업신여길 것이다. 너희는 하나님과 재물을 아울러 섬길 수 없다"마 6:24, 새번역. 교회에 다니면서도 하나님과 재물을 겸하여 섬기는 이들이 적지 않다. 이는 마음의 제단을 무너뜨리는 행위다. 분노를 품고 용서하지 않는 태도도 제단을 허물어뜨린다. 용서하지 않는 자는 스스로를 영적 감옥에 가두고 고통을 당한다. 마태복음 18장 34절에서 주님은 이를 분명히 보여 주셨다. 분노와 미움은 제단을 더럽히며 예배를 막는다.

또한 주님의 뜻을 거스르거나 지도자의 권위를 무시하며 공동체의 질서를 깨뜨리는 행위는 제단을 무너뜨리는 중대한 죄로 심각한 결과를 초래한다. 그런 자는 마치 점쟁이처럼, 악의 영들에게 몸의 출입문을 열어 주는 자가 된다. "거역하는 것은 점치는 죄와 같고…" 삼상 15:23. 거역하는 죄는 점쟁이처럼 원수 마귀의 개입을 허용한다는 사실을 잊지 말라. 사울 왕의 경우가 이에 해당된다. 불순종을 회개하고 예배를 회복하는 것이 사는 길이다. 곧, 우상 숭배, 용서하지 않는 마음, 불순종과 거역은 예배를 더럽히고 은혜의 통로를 막는다. 회개해야 한다. 불순종을 뉘우치고 제단을 고쳐 예배를 회복할 때 생명이 열린다. 사울처럼 멸망의 길을 택할 것인가, 다윗처럼 회복의 길을 걸을 것인가? 선택은 우리 손에 있다. 무너진 제단을 다시 쌓고, 그 자리에서 하나님을 만나야 한다.

아름다운 제단에서 예배하라

교회는 주 예수를 믿는 성도들의 거룩한 공동체이며, 하나님의 자녀를 낳고 길러 내는 신적 기관이다. 이 땅에서 유일한 구원의 방주인 교회를 우리는 결코 가볍게 여겨서는 안 된다. 그렇기에 우리는 스스로에게 물어야 한다. 나는 지금 어떤 제단에서 하나님을 예배하고 있는가? 어떤 교회를 섬기며, 누구에게서 말씀과 양육을 받고 있는가? 이것은 단순한 취향이나 선호의 문제가 아니다. 어떤 제단에 속해 있느냐에 따라 알곡 성도로 자라날 수도 있고, 쭉정이처럼 버림받을 수도 있기 때문이다. 계시록 2-3장에 나오는 일곱 교회 중, 둘은 칭찬만 들었고, 둘은 책망만 들었으며, 나머지 셋은 칭찬과 책망이 섞여 있었다. 칭찬받은 교회는 깨어 있었고 생명이 넘쳤지만, 책망받은 교회는 잠들어 있었고 타락해 있었다. 교회의 규모나 외형은 중요하지 않다. 그 제단에서 순수한 진리가 선포되고, 예배 속에 성령의 기름 부으심이 있으며, 회개와 거듭남, 치유와 회복의 은혜가 흐르고 있는가—그것이 진짜 제단의 기준이다.

당신의 마음의 제단은 지금 어떠한가? 한때 불같은 은혜를 받았을지라도, 탐욕과 불용서, 불순종으로 무너져 있다면, 가난과 질병, 갈등과 영적 억눌림이 당신 삶을 잠식하고 있을지도 모른다. 그러므로 회개의 자리로 나아가 무너진 제단을 다시 쌓아야 한다. 그때, 다시 불이 임할 것이다. 예배 때마다 하늘의 응답을 경험하게 되고, 묶였던 삶의 매듭이 풀어지며, 영혼과 육체가 치유되고, 잃었던 성령의 불이 되살아날 것이다.

예배는 생명이며, 제단은 은혜의 통로다. 무너진 제단을 다시 쌓으라. 그곳에서 하나님의 임재가 임하고, 그 불길 속에서 믿음이 다시 타오르게 될 것이다. 그 자리가 곧 은혜의 자리요, 구원이 시작되는 생명의 출발점이다. 그러나 그 제단은 단지 회복으로 끝나지 않는다. 그 제단은 우리를 하나님께 전심으로 드리는 헌신의 자리로 이끈다.

이제 이 제단 앞에 서서 다시 묻자. 나는 지금 어떤 마음으로 하나님을 예배하고 있는가? 그분의 약속을 나는 어떻게 붙들고 살아가고 있는가?

제2장

무엇에 마음을 걸고 살아가고 있는가?

창 12: 1-9

    하나님의 은혜는 우리를 예배의 자리로 초대하신다. 무너졌던 제단을 다시 쌓게 하시고, 삶의 중심을 회복하게 하신다. 하지만 제단은 단순한 출발점이 아니다. 그것은 우리 전 존재를 하나님께 드리는 헌신의 반석이며, 믿음의 방향을 바로잡는 기준점이다.

    이제 제단 앞에 선 우리는 물어야 한다. 이곳이 과연 나의 전부를 드릴 자리인가? 나는 하나님의 부르심에 진심으로 응답할 준비가 되어 있는가? 아브라함은 그 부르심에 인생 전체로 응답한 사람이었다. 그의 순종은 단순한 행위가 아니라 믿음의 열매였고, 예배가 그의 모든 걸음을 이끌었다.

아브라함의 첫걸음: 장막보다 먼저 쌓은 제단

아브라함이 가나안 땅에 들어가 처음으로 한 일은 집을 짓는 일이 아니었다. "여호와께서 그에게 나타나 이르시되, 이 땅을 네 자손에게 주리라." 아브라함은 곧바로 제단을 쌓았다창 12:7. 이어 그는 옮겨간 곳마다 제단을 쌓았다. 장막보다 제단이 먼저였다. 집보다 하나님께 드릴 자리를 먼저 준비한 것이다. 대부분은 삶의 안정을 먼저 구하지만, 그는 하나님이 머무실 자리를 먼저 준비했다. 하나님과의 관계가 그의 최우선이었다. 우리에게도 이 순서가 필요하다.

영혼이 먼저인가, 육신이 먼저인가: 삶의 우선순위를 묻다

이것이 오늘날 우리와 얼마나 다른가? 제단을 먼저 쌓고 장막을 친 아브라함의 삶의 방식은 오늘날 우리의 모습과는 다르다. 구약의 제단 쌓기는 신약 시대의 예배에 해당한다. 제단을 쌓는 것은 영적인 일이고, 장막을 치는 것은 육적인 일이다. 많은 신자는 육신의 필요를 먼저 채우고 영적인 일을 뒤로 미룬다. 하지만 아브라함은 반대였다. 하나님과의 관계가 그의 첫 번째였다. 솔로몬이 전무후무한 복을 받은 것도 같은 이유다. 왕이 된 후 그는 왕궁의 안락함을 떠나 불편한 산당에서 열흘 넘게 머물며 일천 번제를 드렸다. 그에게는 예배가 최우선이었다. 다윗은 어떠한가? 하나님께서 "그는 내 마음에 맞는 사람이라"행 13:22고 하신 유일한 인물이다. 흠이 많았던 그였지만, 예배를 삶의 중심에 두었다. 빼앗긴 법궤를 아무도 신경 쓰지 않을 때 그가 나서서 모셔왔다. 법궤가 돌아오는 날, 그는 기쁨과 감격에 사로잡혀 수많은 백성 앞에서 옷이 벗겨지는 줄도 모른 채 온몸으로 춤을 췄다. 하나님을 그토록 열렬히 사랑하는 자만이 그런 모습을 보일 수 있다. 하나님은 그 열정을 보시고 감동하셨다. 사도 요한의 기도도 같은 순서를 따른다. "사랑하는 자여 네 영혼이 잘됨 같이 네가 범사에 잘되고, 강건하기를 내가 간구하노라"요삼 1:2. 우선순위는 영혼의 잘됨, 즉 하나님과의 관계다. 모든 회복과 복의 출발점은 여기에 있다. 아브라함처럼, 제단을 먼저 쌓는 인생을 살라. 예배가 삶의 뿌리가 될 때, 모든 것이 제자리를 찾는다. 아브라함은 예배를 삶의 뿌리로 삼았다. 그 첫 번째 동기는 무엇이었을까?

감사의 제단을 쌓은 아브라함

아브라함이 제단을 쌓은 이유는 하나님의 약속과 보호에 대한 깊은 감사 때문이었다. "여호와께서 아브람에게 나타나 이르시되 내가 이 땅을 네 자손에게 주리라 하신지라, 자기에게 나타나신 여호와께 그가 그곳에서 제단을 쌓고"창 12:7. 갈대아 우르를 떠나 하란에서 몇 년을 머문 뒤, 아브라함은 메마른 광야와 사막을 지나 마침내 가나안 땅에 도착했다. 그 여정만으로도 감사할 일이었지만, 하나님은 거기서 다시 놀라운 약속을 주셨다. 그가 쌓은 제단은 하나님의 은혜에 대한 응답이었다.

오늘날 우리도 복음을 듣고 교회로 인도받는 은혜를 경험한다. 억지로 앉아 있던 예배 자리가 어느새 감사의 자리가 되고, 의무 같던 예배가 은혜의 응답이 된다. 말씀을 통해 하늘 아버지의 사랑을 깨닫고, 십자가의 희생을 알아 가며, 우리 역시 감사의 제단을 쌓아 간다. 예배는 하나님의 은혜에 대한 반응이며, 그 제단에서 우리는 마음을 쏟아 하나님께 나아간다. 감사는 예배의 시작이다.

은혜의 제단을 쌓은 아브라함

아브라함이 쌓은 제단은 단지 감사에 그치지 않았다. 그는 나그네로서 겪는 불안한 현실 속에서 하나님의 은혜를 붙들기 위해 예배했다. 가나안 땅의 토착민과 블레셋 사람들 사이에서 그는 두려움과 긴장 속에 살아가야 했다. 바로 그때 하나님이 그에게 나타나셨고, 아브라함은 그 확신으로 제단을 쌓았다. 현실을 이길 용기와 믿음, 그 모든 힘은 예배를 통해 누리는 하나님의 은혜였다. 오늘날 우리 역시 이민 생활의 어려움, 즉 언어와 문화의 장벽, 생존의 무게와 차별 속에서 살아간다. 그러나 예배는 이 고단한 삶에 찾아오는 하늘의 위로이자, 메마른 심령에 소망과 새 힘을 주는 은혜의 통로이다. 능력의 말씀과 성령의 기름 부으심이 우리를 살리고, 참된 예배는 하나님의 임재로 충만케 한다. 이 은혜를 맛본 성도는 교회와 예배를 더욱 사모하게 된다.

예배의 가치를 아는 이들은 육신의 편리함보다 영적 우선순위를 따른다. 뉴욕에서 인디애나폴리스 근교로 이사한 후, 4-5시간 거리의 테네시 교회로 주일마다 향하던 형제나, 체코슬로바키아가 공산 치하에 있을 때 후일 목사가 된 요셉 케이보Joseph Keibo의 어머니가 이를 증명한다. 주일이면 어김없이 세 시간 기차를 타고 프라하로 가서 두 시간이 넘는 예배를 드리고, 다시 세 시간 걸려 집으로 돌아오는 여정을 매주 반복했다. 어린 아들 요셉이 "왜 그렇게까지 하세요?"라고 묻자, 어머니는 간결하지만 깊은 한마디로 답했다. "그 교회에 가야만 예배를 드릴 수 있기 때문이란다." 그곳에 가야 예배를 드릴 수 있기 때문에 주일마다 왕복 6시간이 걸리는 길을 즐겁게 오갈 수 있다는 것이다. 당신은 예배의 소중함을 알고, 위로부터 부어지는 생명의 에너지로 기쁨과 자유를 누리고 있는가? 당신의 삶에서 무엇이 우선인가? 그 선택에 따라 인생은 하늘과 땅만큼 달라질 것이다.

소명의 제단을 쌓은 아브라함

아브라함에게 예배는 삶의 최우선 순위였으며, 이는 하나님의 부르심소명에 온 삶으로 응답하는 행위였다. 예배를 통해 우리는 구원의 은혜를 넘어, 각자의 삶의 자리에서 감당해야 할 사명을 발견하고 그 길을 걸어갈 힘을 얻는다. 앤드류 선교사의 삶이 바로 그 증거이다.

1957년, 루마니아 국경. 당시 공산주의 체제는 기독교를 철저히 억압하고 있었다. 교회는 폐쇄되었고 성경은 금서로 지정되었으며, 신앙을 고백하는 이는 투옥과 고문, 심지어 처형의 위협까지 감수해야만 했다. 이 엄혹한 시절, 젊은 네덜란드 선교사 앤드류 반 데르 비즐Andrew Van Der Bijl 1928-2022은 낡은 폭스바겐 차량에 성경 수백 권을 숨기고 이 위험천만한 국경을 넘으려 했다. 만약 성경이 발각된다면 체포는 물론, 장기 투옥이나 강제 노동, 최악의 경우 죽음까지 각오해야 하는 상황이었다. 두려움에 떨며 그는 간절히 기도했다. "하나님, 저를 지켜 주소서. 이 성경이 박해받는 성도들에게 무사히 닿게 하소서."

마침내 국경 수비대가 차를 멈췄다. 손에는 땀이 흐르고, 심장은 터질 듯 뛰었다. 수비대는 트렁크를 열었지만, 하나님의 은혜로 성경을 발견하지 못하고 차를 통과시켰다. 앤드류는 눈물을 흘리며 하나님을 찬양했다. 이 극적인 사건은 그의 사역, Open Doors의 시작이었다. 이후 그는 생명을 걸고 공산권 국가들에서 성경을 배포하며 지하 교회를 섬겼다. 그의 헌신은 고립된 지하 교회에 소망의 빛이 되었고, 수많은 성도에게 믿음을 지켜 낼 용기를 심어 주었다.

네덜란드 출신 전도자 코리 텐 붐Corrie Ten Boom 1892-1983 역시 제단을 쌓는 삶을 살았다. 그녀는 '주는 나의 피난처'라는 간증으로 수많은 이의 심금을 울린 인물이다. 유대인을 숨겨 준 죄목으로 나치 수용소에 갇힌 그녀는 극한의 고난 속에서도 이렇게 기도했다. "하나님, 여기서도 하나님만 예배할 수 있다면 불평하지 않겠습니다. 그것만으로 저는 만족하겠습니다." 그러자 놀라운 일이 일어났다. 감방에 벼룩이 들끓기 시작했고, 독일 간수들이 접근을 꺼리게 되었다. 벼룩이 옮을까 두려워한 병사들은 감방 근처에도 오지 않았고, 그곳은 감시 없는 자유로운 예배의 공간이 되었다. 코리는 그곳에서 찬송을 부르고 복음을 전하며 많은 영혼을 주께로 인도했다. 그녀는 말했다. "벼룩은 하나님의 사자였습니다. 독일 병사의 접근을 막아 우리로 자유롭게 복음을 전하게 하신 은혜였습니다. 모든 그리스도인의 삶에는 발견하지 못한 은혜가 숨어 있습니다. 단지 우리가 깨닫지 못할 뿐입니다." 하나님은 벼룩까지 사용하셔서 그녀의 예배를 지키셨고, 소명을 이루게 하셨다.

몸을 산 제물로: 소명을 위한 온전한 헌신

코리 텐 붐의 부모와 언니는 수용소에서의 혹독한 고문 끝에 순교했지만, 그녀는 간신히 살아남아 고국으로 돌아왔다. 그러나 하나님은 그녀에게 또 다른 소명을 맡기셨다. 바로, 자신에게 깊은 상처를 남긴 독일인들에게 복음을 전하라는 부르심이었다. 처음에 그녀는 거부했다. "하나님, 어디든 가라 하시면 가겠습니다. 하지만 독일만은 안 됩니다. 그들이 제 가족을 죽였고, 제가 수용소에서 겪은 고통은 말로 다 할 수 없습니다. 그들에게 복음을 전할 수 없습니다." 그때 주님께서 그녀의 마음에 말씀하셨다. "사랑하는 딸아, 나도 나를 저주하고 거절한 자들을 위해 십자가에 못 박혔음을 기억하라. 독일 사람들에게 복음을 전하라." 그 음성 앞에서 그녀는 결국 무릎 꿇고 순종했다. 그녀가 독일 땅을 밟아 복음을 전할 때마다 눈물의 바다가 펼쳐졌고, 수많은 영혼이 회개하며 주께 돌아왔다.

당신은 지금 어디에 제단을 쌓고 있는가? 어떤 자리에서 하나님이 맡기신 소명을 이루어 가고 있는가? 예배 가운데 하나님을 만난 이에게는, 반드시 그 소명을 감당할 은혜가 주어진다. 많은 성도들이 소명을 따라 자신을 헌신하며 희생한다. 사도 바울은 로마서 12장 1절에서 이렇게 권면한다. "그러므로 형제들아, 내가 하나님의 모든 자비하심으로 너희를 권하노니, 너희 몸을 하나님이 기뻐하시는 거룩한 산 제물로 드리라. 이는 너희가 드릴 영적 예배니라." 여기서 '영적 예배'란 단지 마음만 드리는 것이 아니다. 우리의 몸을, 삶 전체를 하나님께 드리는 것이다. 시간을 내고, 몸으로 섬기고, 물질로 드리는 것—그 모든 것이 하나님께 드리는 예배다. 마음만으로는 충분하지 않다. 몸이 따르지 않는 헌신은 온전한 헌신이 아니다.

제단 중심의 삶, 그 마지막 영광과 새로운 질문

달려갈 길을 마치고 육신의 장막을 벗은 우리는 언젠가 하나님 앞에 서게 된다. 그때 하나님께서 우리에게 물으시는 것은 이 땅에서 얼마나 열심히 일했는가, 얼마나 많은 재물을 쌓았는가가 아니다. 하나님을 사랑하고 이웃을 섬기기 위해 얼마나 시간과 몸과 물질을 드렸는가, 바로 그 질문이 우리를 기다리고 있다. 그리고 그 대답에 따라 각 사람에게 주어질 영광은 서로 다르게 빛날 것이다. 태양의 영광, 달의 영광, 별의 영광이 각각 다르듯, 우리의 삶도 그에 따라 다른 영광으로 하나님 앞에 서게 될 것이다.

그러니 아브라함처럼 제단 중심의 삶을 살라. 모든 것을 쏟아부어도 아깝지 않은 제단, 눈물과 헌신이 켜켜이 쌓인 그 자리에서, 주의 이름을 부를 때마다 하늘의 불로 응답받는 제단을 세워야 한다. 아브라함은 가는 곳마다 제단을 쌓아 하나님께 자신을 드렸고, 그의 삶은 소명을 향한 헌신이었고, 그 헌신은 예배로 마침표를 찍었다. 오늘 당신의 삶에도 그러한 제단이 세워지기를 소망한다. 주님이 기뻐하시는 그 자리에서, 아브라함처럼 마음을 쏟아 헌신하는 인생이 되기를 간절히 기도한다.

그 모든 헌신의 시작과 끝에는 은혜가 있었다. 내가 주께 무엇을 드리기 전에, 주께서 먼저 모든 것을 내게 주셨음을 기억하며, 오늘도 다시 그 은혜 앞에 엎드린다. 그러나 이 은혜는 단지 우리를 제단 앞에 서게 하신 데서 멈추지 않는다. 하나님은 그 은혜를 따라 우리의 삶 깊은 곳에 믿음의 뿌리를 내리게 하시고, 어떤 상황과 시대 속에서도 흔들리지 않는 진리의 사람으로 우리를 세워 가신다. 이제 우리는 묻지 않을 수 없다. 내 안에 뿌리내린 믿음은 과연 어떤 길을 비추고 있으며, 내 삶은 그 진리를 따라 어디로 향하고 있는가. 바로 그 지점에서, 우리는 한 가지 분명한 질문과 마주한다. 진리를 따라갈 것인가, 아니면 편함을 선택할 것인가.

제3장
진리를 따라갈 것인가, 편함을 선택할 것인가?

계 2:12-17

믿음은 선물이지만, 선택은 당신의 몫: 진리인가, 편함인가?

하나님의 은혜는 제단을 중심으로 한 헌신을 통해 우리의 삶을 새롭게 하신다. 그 헌신은 믿음을 낳고, 믿음은 진리 안에 뿌리를 내리게 한다. 삶의 중심에 제단을 세우는 사람, 바로 그가 믿음으로 사는 사람이다. 그리고 그 제단은, 시대를 이기는 믿음의 뿌리가 되어 흔들림 없는 길을 이끌어 준다. 아브라함이 그러했듯, 시대의 풍랑 속에서도 흔들리지 않았던 버가모 교회 성도들 역시 바로 이 믿음의 제단을 생명처럼 지켜 낸 이들이었다. 그들은 위로부터 주어진 믿음에 깊이 뿌리내렸기에, 사탄의 권좌 앞에서도 진리를 따르는 삶으로 열매 맺을 수 있었다. 진실로 믿음으로 사는 자에게는 그 어떤 환경도, 시대의 흐름도 뿌리를 흔들 수 없다. 믿음은 모든 사람의 것이 아니다 살후 3:2라는 말씀처럼, 믿음은 은혜의 선물이지만 아무에게나 주어지지 않는다. 그렇다면 믿음으로 산다는 것은 구체적으로 무엇을 의미하는가? 우리는 그 해답의 한 단면을, 버가모 교회 성도들의 삶을 통해 들여다볼 수 있다.

사탄의 권좌 앞에서: 버가모, 순교로 지킨 믿음의 제단

버가모는 로마 제국 아시아 주의 행정 수도로, 황제 숭배의 중심지이자 우상 숭배가 만연한 도시였다. 주님은 이 도시를 '사탄의 권좌가 있는 곳'이라 부르셨다계 2:13. 인간의 권력이 신의 자리를 탐하고, 거대한 신전들이 하늘을 찌르듯 솟아오른 그곳은, 믿음의 사람들에게는 사자굴과 같았다. 로마는 황제를 신격화하여 곳곳에 신전을 세웠고, 백성들에게 적어도 일 년에 한 번 "가이사는 주님이다"라고 고백하도록 법으로 강제했다. 이를 이행한 자에게는 '이행증서'가 발급되었지만, 그리스도인들은 이를 거절했다. 그들은 오직 "예수님이 주님"이라 외쳤고, 이로 인해 박해는 필연이었다.

로마 정부는 기독교인들을 불온 세력으로 간주하여 공

민권을 박탈했고, 그런 열악한 환경 아래서 예수를 믿고 그 믿음을 지킨다는 것은 그야말로 생명을 걸어야 하는 일이었다. 이런 상황에서도 버가모 교회의 성도들은 주님을 저버리지 않고 믿음을 지켰다. 계시록 2장 13절에서 주님은 그들을 이렇게 칭찬하셨다. "네가 내 이름을 굳게 잡아서 내 충성된 증인 안디바가 너희 가운데 곧 사탄이 사는 곳에서 죽임을 당할 때에도 나를 믿는 믿음을 저버리지 아니하였도다." 당국에서는 박해 속에서도 굽히지 않고 주님을 배반하지 않고 믿음을 지킨 안디바를 화형에 처했지만, 버가모 교회는 순교자를 배출하며 믿음의 제단을 지켜 냈다. 위험과 고난 속에서도 그들은 배교하지 않고 끝까지 믿음을 붙들었다. 평안할 때 믿는 것은 누구나 할 수 있다. 그러나 환난 속에서도 믿음을 지킨 자만이 진짜다. 버가모 성도들은 생명을 걸고 제단을 지켰고, 그 증거는 타협 없는 믿음이었다. 당신의 제단은 어떠한가? 시험 속에서도 흔들리지 않는 믿음으로 세워져 있는가?

내부의 적, 발람의 교훈: 돈과 음행의 유혹

교회는 때로 외부의 핍박보다 내부의 타협으로 더 크게 흔들린다. 버가모 교회는 순교자의 피로 믿음을 증명했던 교회였지만, 주님은 그들에게 단호한 책망을 하셨다. "네게 두어 가지 책망할 것이 있나니, 네게 발람의 교훈을 지키는 자들이 있도다"계 2:14.

'발람의 교훈'은 단순한 신학적 오류가 아니었다. 그것은 하나님의 백성 안에 교묘하게 스며든 죄의 씨앗이었다. 이방 술사 발람은 돈의 유혹에 넘어가 이스라엘을 저주하려 했지만, 하나님이 막으셨다. 결국 그는 다른 계책을 꾀했다. 미인계를 통해 이스라엘 청년들을 음란과 우상 숭배로 유인한 것이다. 그 결과, 하루아침에 24,000명이 전염병으로 죽었다.

이 이야기는 옛날 전설이 아니다. 오늘 우리 삶에도 여전히 발람의 교훈은 다른 얼굴로 존재한다. 당시 버가모는 황제 숭배와 제우스, 뱀신을 섬기는 신전이 가득한 도시였다. 믿음을 고백하면서도 우상의 제단을 끊지 못한 일부 성도들이 있었다. 그것은 단순한 문화적 습관이 아니었다. 주님은 그것을 영혼을 병들게 하는 배교로 보셨다.

우리의 현실도 다르지 않다. 현대인은 눈에 보이는 우상은 거부하면서, 눈에 보이지 않는 우상 앞에서는 너무 쉽게 무너진다. 그 대표적인 것이 바로 '돈'이다. 오늘날에도 돈은 가장 큰 우상이다. 하나님의 말씀보다 이해관계를 앞세우고, 예배보다 이익을 좇을 때, 발람의 길을 걷는 것이다. 음행은 단순한 도덕적 문제가 아니라, 하나님의 성전을 더럽히는 행위다. 그동안 가정이 깨어지고, 자녀들이 방황하는 사례들을 수없이 보았다. 회개의 기회가 주어졌지만, 끝내 돌이키지 않는 이들에겐 안타깝게도 교회의 거룩함을 지키기 위한 단호한 결단이 필요했다. 주님은 오늘도 우리에게 물으신다. "너의 삶은 지금 어느 제단에 드려지고 있느냐?" 만약 타협과 죄의 제단 위에 있다면, 지금 회개하고 거룩한 제단을 다시 세워야 한다. 순결한 헌신은 주님께 드리는 가장 깊은 예배다.

값싼 은혜의 속삭임: 니골라당, 행함 없는 믿음의 함정

그리고 주님은 또 하나의 교훈을 경계하셨다. 바로 '니골라당의 교훈'이다. 그들은 말한다. "믿음만 있으면 되지, 율법은 옛것이야." "은혜로 다 용서받았는데 뭐가 문제야." 이런 주장들은 듣기에는 편안하지만, 복음의 본질을 흐리게 만든다. 구원은 은혜로 시작되지만, 진짜 믿음은 반드시 순종으로 열매 맺는다. 주님은 분명히 말씀하셨다. "나더러 주여 주여 하는 자마다 천국에 다 들어가는 것이 아니라, 다만 하늘에 계신 내 아버지의 뜻대로 행하는 자라야 들어가리라"마 7:21. 니골라당은 또 다른 거짓을 주장했다. "육신은 어차피 썩을 것이니, 무슨 짓을 해도 상관없다." 이는 영혼과 육신을 나누는 잘못된 사상이다. 하지만 성경은 그렇게 말씀하지 않는다. 우리의 영과 육은 분리된 것이 아니라 긴밀히 연결되어 있다. 몸이 죄에 물들면 영혼도 병들고, 그 틈을 마귀가 파고든다. 오늘날에도 이런 속삭임은 여전하다. "예수 믿되, 너무 열심일 필요는 없어. 주일만 지키면 되지. 새벽기도까지는 좀 과하잖아…" 이런 타협은 성령의 불을 식히고, 결국 믿음을 미지근하게 만든다.

주님은 지금도 마음을 나누는 신앙을 원하시지 않는다. 그분은 전심을 원하신다. 온전한 헌신, 온전한 사랑, 그리고 거룩함이다. 우리의 믿음은 지금 어디에 서 있는가? 혹시 발람과 니골라당의 교훈 앞에서, 믿음을 조금씩 양보하고 있지는 않은가? 그렇다면 지금이 결단의 시간이다. 지금

이 회개의 시간이며, 지금이 거룩함으로 다시 서야 할 시간이다.

미지근한 신앙의 위기: 세속화된 현대 교회를 향한 경고

세계 10대 대형교회가 모두 한국에 있지만, 교회 안엔 물질주의와 세속주의가 깊이 스며들어 있다. 많은 교인이 주일예배로 종교적 의무를 채우는 형식적 신앙에 갇혀 있다. 세속주의에 무너진 서구 교회의 쇠락을 잊어서는 안 된다. 말씀과 기도, 주님과의 교제를 가까이하며 성경대로 살라. "미지근한 신앙은 버림받는다"계 3:16는 주님의 말씀을 가볍게 여기지 말라. 타협적 교훈은 신앙을 흐린다. 당신의 믿음은 뜨거운가, 차가운가, 미지근한가? 주님 앞에 설 그날, 그 답이 드러날 것이다.

이기는 자에게 주실 상급: 만나와 흰 돌

예수님은 버가모 교회에 회개하라고 촉구하셨다. 발람의 교훈과 니골라당의 교훈을 버리고 참된 믿음을 지키라

하셨다. "그러므로 회개하라, 그리하지 아니하면 내가 네게 속히 가서 내 입의 검으로 그들과 싸우리라"계 2:16. 입의 검은 회개하지 않는 자를 향한 신속한 심판을 뜻한다. 그러나 회개하며 믿음을 지키는 '이기는 자'에게는 두 가지 복을 약속하셨다. "이기는 그에게는 내가 감추었던 만나를 주고, 또 흰 돌을 줄 터인데 그 돌 위에 새 이름을 기록한 것이 있나니 받는 자밖에는 그 이름을 알 사람이 없으리라"계 2:17. '만나'는 광야의 양식처럼 이기는 자에게 영원한 생명의 풍성함을 주시겠다는 약속이다. '흰 돌'은 고대 승리자에게 새 이름이 새겨진 표식처럼, 믿음의 승자에게 주시는 영광의 상급이다. 그러므로 어떤 상황에서도 말씀에 순종하며 믿음에 굳게 서라. 이기는 자란, 끝까지 말씀을 따라 순종으로 살아 내는 자다. 그런 자가 의인이다.

콜럼바인 총성 속 믿음: 한 소녀의 고백,
"Yes, I believe in God"

1999년 4월 20일, 콜로라도주 리틀턴의 콜럼바인 고등학교에서 미국 사회를 충격에 빠뜨린 총기 난사 사건이 일어났다. 두 명의 고등학생이 학교에 난입해 총을 난사했고,

열세 명이 목숨을 잃었다. 이 참혹한 현장은 미국 청소년들의 가치관을 뒤흔든 비극으로 남았다.

수많은 학생들이 피를 흘리며 쓰러졌고, 죽음을 눈앞에 둔 절망의 현장에는 말로 다 표현할 수 없는 두려움과 공포가 흘렀다. 그런데 그 한가운데서, 한 여학생의 입술을 통해 믿음의 고백이 흘러나왔다.

이름은 17세 소녀 발린 슈너Valeen Schnurr. 산탄총에 맞아 쓰러진 그녀는 피투성이가 된 채 죽음이 점점 다가오고 있음을 온몸으로 느끼며, 흐느끼듯 기도하기 시작했다.

"오, 하나님… 제발 살려 주세요…Oh God… please don't let me die…."

그때, 총격범 딜런 클리볼드Dylan Klebold의 귀에 'God'이라는 단어가 들어왔다.

그는 발길을 멈추고 발린 쪽으로 걸어왔다. 살기를 가득 안은 눈빛으로 그녀를 내려다보던 그는, 피투성이가 된 발린에게 물었다.

"너, 하나님을 믿어?Do you believe in God?"

총구는 너무 가까이 있었다. 질문은 너무 직접적이었다.

발린은 숨이 멎을 듯한 긴장 속에서 자신에게 되물었다.

'지금 거짓말을 하면 살 수 있을까? 하지만… 그건 내 믿

음이 아니잖아…'

그녀는 숨기지 않기로 했다. 두려움에 눌린 심장이었지만, 영혼은 놀랍도록 단단했다. 그녀는 피투성이의 몸을 조금 일으켜, 총구 너머의 살기를 바라보며 결연히 입을 열었다.

"그래, 나는 하나님을 믿는다 Yes, I believe in God."

범인은 잠시 멈칫했다. 그리고 다시 물었다.

"왜? Why?"

발린은 한 호흡을 내쉬며 조용히 말했다.

"어릴 때부터 그렇게 배웠고, 나도 그렇게 믿기 때문이야 Because my parents taught me, and I believe in God."

그 짧은 대화 후, 총격범은 더 이상 그녀를 향해 총을 쏘지 않았다. 그리고는 다른 쪽으로 이동했다.

발린은 살아남았다. 그리고 믿음을 지킨 자로, 그날의 고백은 오늘까지도 울리고 있다.

잃어버린 고백의 무게: 안일한 믿음과 교회의 현주소

그날, 총성보다 더 크게 울린 것은 단 하나의 신앙고백이었다. "그래, 나는 하나님을 믿는다." 그 고백은 단순한 말이 아니라, 죽음 앞에서 타협하지 않은 믿음의 증거였다. 이야기는 오래전 미국의 한 학교에서 벌어진 일이지만, 이 고백은 오늘 우리에게 깊은 질문을 던진다. "당신은 어떤 대답을 할 것인가?" 이토록 선명한 믿음의 고백이 절실한 시대에, 지금 우리는 마지막 때를 살고 있다. 교회는 많고, 믿는다고 말하는 사람도 넘쳐난다. 그러나 발린 슈너의 그 절박하고도 순전한 고백과 달리, 그들 중 많은 이들이 복음의 본질을 외면한 채 세상 가치에 안주하며, 왜곡된 은혜 뒤에 숨어 거룩함과 회개를 잊고 살아간다. 그 결과 교회는 빛과 소금의 능력을 잃고 세상의 욕망을 답습하며, 육신의 정욕과 안목의 정욕, 세상 자랑에 매몰되어 참된 믿음의 동력을 상실해 가고 있다.

마지막 때, 믿음으로 깨어 있으라

지금은 어둠의 세력이 교회를 잠식하여 빛을 잃게 만들고, 진리를 외면한 성도들을 사탄의 영향력 아래 두려 하는 영적 전쟁의 시대다. 그러나 바로 이런 때일수록 우리는 더욱 깨어 있어야 한다. 기도하며 분별하고, 타협하지 않으며, 믿음의 길을 끝까지 걸어야 한다. "너희는 세상의 빛이라"마 5:14 하신 주님의 말씀을 기억하라. 돈이 아닌 하나님을, 정욕이 아닌 거룩함을, 세상이 아닌 하늘을 선택하라. 마지막 때를 살아가는 우리에게 주님은 물으신다. "그러나 인자가 올 때에 세상에서 믿음을 보겠느냐?"눅 18:8 이 말씀은 단지 경고가 아니라, 우리의 삶을 향한 하나님의 간절한 부르심이다.

그러므로 깨어 있으라. 타협 없는 믿음으로, 흔들림 없는 순종으로 그 부르심에 응답하라.

그리고 무엇보다도 기억하라. 이 마지막 시대를 견디게 하는 힘은 오직 주님의 은혜뿐이다.

그분의 손길이 우리를 붙드시고, 지친 삶을 다시 일으키며, 거룩한 길로 인도하신다.

그러나 여기서 멈추지 말라. 그 은혜는 닫혀 있던 삶의 문을 열고, 열매 맺는 순종의 길로 우리를 이끌어 가신다. 이제는 돌아보자. 혹시 우리는 '믿음의 길'을 걷는다는 이름 아래, 조급하게 결과만 기대하며 서두르고 있지는 않은가?

진짜 믿음은, 끝까지 걷는 것이다.

제4장

지금, 다시 씨를 뿌릴 때다

마 18:23-35

거두기 전에 심어야 할 것: 용서라는 씨앗

하나님의 은혜는 타협 없는 믿음과 순종을 통해 우리를 거룩한 길로 인도하신다. 그러나 이 길을 걷는 사람도 때로는, 답답함과 막막함 앞에서 깊은 한숨을 내쉴 수 있다. 기도하며 정직하게 살아왔는데, 왜 삶은 여전히 메마른가? 이 답답함의 이유는 어쩌면 우리가 놓치고 있는 하나님의 한 가지 원리에 있을지 모른다. 그것은 바로, '용서'다. 은혜는 단지 바르게 사는 삶만으로 흐르는 것이 아니다. 은혜는 하나님의 마음을 닮은 용서를 통해, 그리고 그 용서에 기꺼이 순종할 때 비로소 온전히 흘러간다. 삶의 열매는 순종 위에 맺히고, 그 순종은 먼저 용서의 결단을 통해 시작된다. 상처와 억울함을 하나님 앞에 내려놓고 용서를 선택하는 그 순간, 은혜는 막힘없이 흐르기 시작한다. 그리고 그 흐름 속에서, 마침내 열매 맺는 인생이 시작된다.

용서, 막힌 길을 여는 은혜의 열쇠

기도도 하고, 말씀도 따르려 애썼는데 왜 삶은 여전히 막혀 있을까? 혹시 아직 풀지 못한 매듭이 남아 있기 때문은 아닐까? 일만 달란트의 비유에 나오는 '용서'에 대한 원리에서 그 해답을 찾을 수 있다. 신약성경에 일관되게 흐르고 있는 용서의 교훈은 이것이다. 하나님께 용서받기 위해서는 누구든 용서하고, 내가 끼친 손실은 갚아야 한다. 내가 묶인 것을 풀지 않으면, 내 삶의 매듭도 풀리지 않는다. 이것이 주님이 가르치신 용서의 원리이며, 은혜가 흐르는 길목을 여는 열쇠다. 씨를 뿌리지 않으면 거둘 수 없듯, 용서 없이 은혜의 문도 열리지 않는다. 용서는 하나님의 은혜가 흐르는 유일한 통로다. 하나님의 사랑은 우리의 순종과 용서를 통해 흐르고, 그 흐름 속에서 삶이 풀려 참된 평안을 누리게 된다. 그러므로 사랑으로 심고, 믿음으로 풀며, 말씀 안에서 소망을 붙잡아라. 그리할 때 막혔던 길이 열리고, 풍성한 열매가 맺히게 된다. 이것이 주님의 약속이며,

성경이 증언하는 살아 있는 진리다.

"주여 주여" 하는 믿음 너머

평생 교회 다니며 믿음 생활을 하는 이유는 단순하다. 구원받아 천국에 가기 위해서다. 그렇다면 구원은 어떻게 받는가? 하나님께 회개하고, 주 예수님을 믿는 믿음으로 구원을 얻는다. 당신은 그리스도인인가? 그리스도인이란 예수 그리스도를 주로 믿는 자들을 말한다. '주'는 히브리어로 '아도나이', 헬라어로 '퀴리오스'로, '주인'이란 뜻이다. 당신은 삶 속에서 항상 예수님을 주인으로 섬기고 있는가? 아니면 가끔 그분을 주인으로 섬기고 있지는 않은가? 예수님은 부활 후 하늘로 올라가시며 이렇게 약속하셨다. "내가 세상 끝날까지 너희와 항상 함께 있으리라"마 28:20. 그런데 많은 그리스도인들이 주님을 멀리 하늘에만 계신 분으로 여기며 고아처럼 산다. 주님은 성령으로 믿는 자와 늘 함께 계신다고 하셨다. 주님은 당신의 왕이시며, 주인이시며, 목자이시다. '가끔'이 아니라 '항상', 모든 시간과 공간 속에서 함께하신다. 주님이 없는 것처럼 함부로 살지 말라. 마치 주님이 눈을 감고, 귀를 막고 계신 것처럼 거짓, 음란, 비방, 분쟁, 교만, 탐심으로 주님을 괴롭히지 말라. 주님의 탄식을 들어보라. "너희는 나를 불러 주여 주여 하면서도 어찌하여 내가 말하는 것을 행하지 아니하느냐?" 눅 6:46.

이 시대는 교회가 주님의 재림을 준비하는 때다. 동시에, 주님이 베푸시는 은혜의 잔치를 누리는 때이기도 하다. 그러니 교회는 형식적인 종교생활만 가르칠 것이 아니라, 회개의 복음을 전하고 용서의 가치를 깨우쳐 죄의 속박에서 벗어나 하나님 나라의 참된 자유를 맛보게 해야 한다. 세상을 비추는 빛의 사명을 감당하도록 이끌어야 한다.

주님께서 바리새인과 서기관을 책망하신 이유를 기억하라. "화 있을진저 외식하는 서기관들과 바리새인들이여, 너희는 교인 한 사람을 얻기 위하여 바다와 육지를 두루 다니다가 생기면 너희보다 배나 더 지옥 자식이 되게 하는도다" 마 23:15. 그들은 전도한 이들을 회개로 이끌어 지옥의 저주와 마귀의 속박에서 해방시키지 않고, 율법의 굴레와 복잡한 교리로 묶어 더 깊은 어둠 속으로 밀어 넣었다.

10년, 20년 교회를 다녔어도 자신이 죄인임을 깨닫지 못하고, 애통하며 회개한 적 없는 이들이 많다. 성령 없는 자가 중직을 맡아 교회의 어른 노릇을 하는 현실도 안타깝다. 10년, 20년을 교회에 다녔어도, 회개의 눈물이 없었다면… 정말 주님을 믿은 적이 있었던 것일까? 회개는 단지 신앙의 시작이 아니다. 하나님께서 지금 이 순간에도 찾으시는, 믿음의 중심이다. 회개의 열매를 맺어야 한다. 회개의 메시지를 들을 때가 하나님과 가장 가까운 때임을 잊지 말라. 교회는 이 진리를 새겨야 한다.

끝없는 용서의 명령: 1만 달란트 탕감의 교훈

구원에서 회개와 용서는 핵심이다. 당시 유대 랍비들은 이웃을 세 번까지 용서해야 한다고 가르쳤다. 아모스 1-2장을 근거로, 하나님도 세 번째 죄까지만 용서하시고 네 번째는 심판하신다고 해석했기 때문이다. 베드로는 이를 넘어 "일곱 번 용서하면 충분하지 않겠느냐"고 물었으나, 예수님은 마태복음 18장 22절에서 "일곱 번뿐 아니라, 일곱 번을 일흔 번까지라도 할지니라"고 하셨다. 용서는 끝없이 해야 한다는 말씀이다. 우리는 무한한 죄를 용서받은 자로서, 주님의 "용서하라"는 명령을 따라야 한다. '1만 달란트 비유'는 이 진리를 강하게 보여 준다. 1만 달란트라는 엄청난 빚을 탕감받은 종이, 동료의 100데나리온 빚을 용서하지 않고 그를 감옥에 가두었다. 이를 안 임금은 분노하며 그 종의 탕감을 취소하고 빚을 갚을 때까지 가두라고 명령했다. 이 비유의 교훈은 분명하다. 남을 용서하지 않으면 우리도 하나님의 용서를 받을 수 없다. 우리는 주님의 무한한 자비를 받은 자로서, 그 자비를 이웃에게 베풀어야 한다.

땅에서 매면 하늘에서도: 풀지 않는 결박의 결과

동료를 용서하지 않은 악한 종에게 주인은 어떤 형벌을 내렸을까?

첫째, 임금은 그를 옥졸에게 넘겨 고문받게 했다. '옥졸' 바사니스테스은 고문자를 뜻하며, 영적 세계에서는 마귀의 속박을 의미하기도 한다. 마태복음 5장 26절은 경고한다. "네가 한 푼이라도 남김없이 다 갚기 전에는 결코 거기서 나오지 못하리라." 세월이 지나도 저절로 풀리지 않는다. 관계, 물질, 마음속 오래된 짐 등, 스스로 묶은 매듭은 스스로 풀어야 한다.

둘째, 임금은 그 종에게 베푼 용서를 취소했다. 구약에서 죄는 양이나 염소 같은 제물로 속죄했다. 특히 어린 양은 인간의 죄를 대신 짊어진 예수 그리스도를 상징한다. 주님은 십자가에서 "다 이루었다" 하시며 우리의 죄를 위해 죽으셨다. 누구든 회개하고 예수님을 믿으면 구원받는다. 부지불식간에 죄를 지었더라도 진심으로 회개하면 용서받는다. 주님이 우리와 하나님 사이의 죄의 문제를 해결하셨기 때문이다.

그러므로 은혜의 풍요를 누리며 사는 것이 마땅하다. 그런데 구원의 기쁨도 삶의 풍요함도 누리지 못하는 이유는 무엇일까? 누군가와의 불화의 문제로, 혹은 물질의 문제로 묶여 있기 때문이다. 하나님의 소유와 사람의 소유를 훔쳤든지, 빚을 안 갚았든지, 렌트를 떼어먹었든지, 혹은 남에게 피해를 입혀 놓고 내버려두었든지 하면 영적으로 묶이게 된다. 풀어야 한다. 당신이 맨 것을 당신이 풀어야 하늘에서도 풀린다. 특히 물질의 피해를 입혔다면, 그 값에 $1/5_{20\%}$를 더해 갚아야 영적 매임이 풀린다. 민수기 5장 7-8절은 사람에게 지은 물질적인 죄는 사람에게 갚아야 한다고 이렇게 명시했다. "그 지은 죄를 자복하고 그 죗값을 온전히 갚되 오분의 일을 더하여 그가 죄를 지었던 사람에게 돌려줄 것이요, 만일 죗값을 받을 만한 친척이 없으면 그 죗값을 여호와께 드려 제사장에게 돌릴 것이니." 구원받은 자라도 묶인 것을 풀지 않으면 하나님의 풍요를 누릴 수 없다.

주님은 마태복음 16장 19절에서 "내가 천국 열쇠를 네게 주리니 네가 땅에서 무엇이든지 매면 하늘에서도 매일 것이요, 네가 땅에서 무엇이든지 풀면 하늘에서도 풀리리라"고 말씀하셨다. 주님은 이 원리가 얼마나 중요한지 마태복음 18장 18절에서도 재차 강조하셨다. "진실로 너희에게 이르노니 무엇이든지 너희가 땅에서 매면 하늘에서도 매일 것이요, 무엇이든지 땅에서 풀면 하늘에서도 풀리리라."

살아 있는 말씀의 인도: 회개의 열매를 찾아서

어떤 설교자는 성경의 문자에만 매여 단어 해석에 집착하고, 또 어떤 설교자는 성경을 외면한 채 체험만 강조하다 보니 진리의 영적 원리를 놓치고 만다. 주님은 "사람이 떡으로만 살 것이 아니요, 하나님의 입으로부터 나오는 모든 말씀으로 살 것"마 4:4이라고 하셨다. 여기서 '입에서 나오는 말씀'은 현재 시제로, 기록된 말씀뿐 아니라 지금도 말씀하시는 하나님을 의미한다.

한 목회자가 기도 중 성령께 들은 말씀은 이랬다. "너는 회개했지만, 회개의 열매는 맺지 못했다." 그는 회개와 열매의 의미를 물었고, 주님은 이렇게 말씀하셨다. "사람과 얽힌 것은 사람과 풀고, 물질로 얽힌 것은 물질로 풀어라. 내 종일지라도 회개의 열매가 없으면 말씀에 능력이 나타나지 않고, 평생 물질의 형통도 없을 것이다." 그는 어린 시절 참외를 훔친 일, 친구들과 과자를 훔쳐 먹은 일까지 떠올려 돈으로 환산한 뒤 5분의 1을 더해 갚았다. 갚을 대상을 찾을 수 없을 때는 교회에 헌금으로 드렸다. 그 후 닫혔던 문이 열리며 형통함이 임했다. 나 역시 주님의 같은 말씀을 따라 40여 년 전 그리스도 밖에 있을 때 청산하지 못한 빚 12,000달러를 헌금으로 갚았다.

양심의 가시, 물질로 푼 매듭

한 순회 강사님의 이야기가 오랫동안 내 마음에 남아 있다. 단순한 일화가 아니라, 죄와 회복, 그리고 하나님의 은혜가 어떻게 맞물려 역사하는지를 보여 주는 깊은 증언이었다. 주인공은 초등학교 교사로 정년퇴직한 후, 교회 유치원장으로 섬기던 한 권사님이다. 겉으론 평범한 신앙인의 삶 같았지만, 마음속엔 지우지 못한 짐 하나가 남아 있었다. 교직 시절, 방학 중에 학교 물건 하나를 집으로 가져왔고, 돌려놓지 못한 채 세월이 흘러갔다. 처음엔 대수롭지 않게 여겼지만, 그 물건은 세월이 흐를수록 양심을 찌르는 가시가 되었다. 퇴직 후에도 그 기억은 그녀를 따라다녔다. 삶의 고난을 겪을 때마다 문득 이런 생각이 스쳤다. "혹시 그 일이 내 인생에 어떤 영향을 준 건 아닐까?" 우리도 작아 보이는 실수가 죄책감이 되어 마음을 짓누른 경험이 있지 않은가?

그러던 중 집회에 참석한 그녀는 말씀을 통해 오래 묵은 죄의 짐을 내려놓으라는 초대를 받는다. "너희 죄를 서로 고백하며 병 낫기를 위하여 서로 기도하라"약 5:16. 그녀는 결심하자마자 곧장 은행에서 100만 원을 인출했다. 그 돈은 단순한 금액이 아니라, 회개의 눈물과 순종의 결단이 담긴 증거였다. 강대상에 올릴 용기가 나지 않아 강사님 숙소로 찾아간 그녀는, 돈봉투를 꺼내는 순간 "으악!" 소리를 지르며 바닥에 쓰러졌다. 잠시 후 정신을 차린 그녀는 놀란 얼굴로 말했다. "뒤통수가 뻥 뚫린 것 같아요. 당뇨와 고혈압이 사라진 것 같습니다." 이후 그녀는 건강을 회복했다.

마음의 짐, 행동하는 회개로 풀라

이 이야기는 단순한 우연이나 감정적 해프닝이 아니다. 성경적 진리가 현실 속에서 역사한 현장이다. 예수님의 말씀처럼 그녀가 물질로 묶은 죄의 매듭을 물질로 풀었을 때, 하늘에서도 그 결박이 풀렸다. 죄는 마귀가 우리 삶에 들어오는 문이 된다. 겉보기에 사소한 잘못이라도 방치하면, 악한 영이 우리 삶에 개입할 영적 틈과 권한을 얻게 된다. 그러나 회개와 회복의 행동은 그 문을 닫고 하나님의 자유와 풍요를 되찾게 한다. 이 이야기는 현대를 살아가는 우리에게도 깊은 울림을 준다. 우리는 물질주의 시대에 살고 있다. 소유하려고 하는 욕망, 남보다 앞서려는 경쟁 속에서 양심의 소리를 외면하기 쉽다. 하지만 작은 잘못이 쌓이면 영혼은 병들고, 그 병은 관계와 건강, 삶 전반을 조금씩 무너뜨린다. 성경은 분명히 말한다. 사람과 얽힌 매듭은 사람과의 화해로 풀어야 하고, 물질로 맺힌 매듭은 물질로 갚아야 한다. 그래야만 하나님께서 주신 '생명을 넘치도록' 누릴 수 있다. 그 권사님의 이야기는 지금 우리에게 묻고 있다. 당신 마음에 내려놓지 못한 짐은 없는가? 사소하다고 방치한 죄책감, 돌려놓지 못한 빚, 풀지 못한 관계의 매듭은 없는가? 오늘, 그 짐을 내려놓는 작은 결단이 당신 삶에 예상치 못한 하나님의 기적을 가져올지도 모른다. 그녀처럼 용기를 내어 첫걸음을 내디뎌 보라. 하늘은 이미 당신을 풀어 줄 준비가 되어 있다.

풍성한 삶의 시작, 행동하는 회개

왜 수년을 기도하고 섬기며 애썼음에도 불구하고, 여전히 삶의 매듭은 풀리지 않는가? 그 이유는 행동 없는 회개, 풀지 못한 관계, 갚지 않은 빚에 머물러 있기 때문이다. 주님은 우리가 '생명을 얻되 더 풍성히 얻게 하려고'요 10:10 이 땅에 오셨다. 그리고 그 풍성함은 정직한 결단과 실천하는 회개에서 시작된다. 마음으로만 미안해하지 말고, 삶으로 회개하라. 오래전 멀어진 사람에게 손을 내밀고, 돌려주지 못한 것을 정리하며, 쌓아 둔 감정의 빚을 갚아야 한다. 당신이 땅에서 그 매듭을 풀 때, 하늘에서도 당신의 삶을 묶고 있던 모든 것이 풀리게 될 것이다. 그리고 그때, 주님은 막혀 있던 문을 여시고, 마침내 생명과 평강을 당신의 삶에 넘치도록 흘려보내실 것이다.

제5장

내일을 위한 걱정, 정말 그게 답일까?

마 6:25-34

생계의 무게 앞에서, 주님은 왜 '염려하지 말라' 하셨을까?

하나님의 은혜는 용서의 순종을 통해 삶의 매듭을 풀고 평강을 주신다. 그러나 이 은혜는 우리의 마음을 회복시키는 데서 멈추지 않고, 내일을 향한 불안마저 내려놓게 하신다. 우리는 살아가기 위해 일하고, 먹고, 마시고, 입는다. 생계를 책임져야 하는 현실 앞에서 마음은 무거워지고, 내일을 생각할수록 불안이 밀려온다. 그러나 주님은 그런 우리에게 오늘도 다정히 말씀하신다. "염려하지 말라." 이 말씀은 은혜의 부르심이며, 하나님의 신실하심을 신뢰하라는 간절한 초대다.

죄가 인간 사회에 스며든 이후, 에덴의 낙원에서 쫓겨난 우리에게 땅은 가시와 엉겅퀴를 내밀었다. 이제는 이마에

땀을 흘려도 수고한 만큼의 소출을 보장받지 못한다. 농토뿐 아니라 우리의 손이 닿는 모든 일터가 그러하다. 그래서 사람들은 의식주라는 생존의 무게 아래 늘 근심에 잠기고 염려에 붙잡힌다. 그런데 주님께서는 마태복음 6장에서 3번이나 단호히 말씀하신다. "먹고사는 문제를 염려하지 말라." 내가 다니는 직장은 앞날이 불투명한 작은 사업체이고, 나이는 많아지고, 몸은 약해지고, 모아 둔 재산조차 없는데, 어떻게 앞으로의 생계를 걱정하지 않을 수 있겠느냐는 생각이 들지도 모른다. "도대체 무슨 수로 먹고 살지?"라는 불안이 마음을 파고들 것이다. 그러나 주님께서 "염려하지 말라"고 하셨다면, 그 말씀을 붙잡아도 된다. 그분은 전능하신 하나님이시며, 결코 거짓을 말씀하지 않는 분이시기 때문이다

만물의 창조주, 당신의 공급자: 하나님의 신실한 돌보심

우주 만물은 하나님께서 창조하셨다. 사람의 생사와 높아짐과 낮아짐, 부와 가난도 모두 그분의 손에 달려 있다. 어떤 이는 죽고 싶어도 죽지 못하고, 어떤 이는 살아 보려

애써도 갑작스레 삶을 마감한다. 열심히 일해도 가난에서 벗어나지 못하는 이가 있는가 하면, 별 수고 없이도 부요를 누리는 이도 있다. 이 모든 것은 하나님의 주권 아래 있다.

성경은 분명히 말한다. "여호와는 죽이기도 하시고 살리기도 하시며, 스올에 내리게도 하시고 거기에서 올리기도 하시는도다. 여호와는 가난하게도 하시고 부하게도 하시며, 낮추기도 하시고 높이기도 하시는도다"^{삼상 2:6-7}.

하나님은 창조주이시며, 역사의 주관자이시다. 그분은 인간을 이 땅의 주인공으로 지으시기 전부터, 자연과 환경을 먼저 예비하시고 모든 피조물을 세심하게 돌보셨다.

그렇다면 하나님의 형상으로 지음받은 자녀 된 우리를 어찌 더 귀하게 돌보지 않으시겠는가?

주님은 말씀하신다. "공중의 새를 보라. 심지도 않고 거두지도 않지만 너희 하늘 아버지께서 기르시나니, 너희는 이것들보다 귀하지 아니하냐"^{마 6:26}. 하늘을 나는 작은 새도 굶지 않게 하시고, 들에 피는 들풀도 곱게 입히시는 하나님께서, 당신을 잊으시겠는가?

우리가 염려로 가득할 때, 그것은 종종 하나님의 돌보심을 향한 믿음이 약해졌다는 증거다. 그러나 기억하라. "오늘 있다가 내일 아궁이에 던져지는 들풀도 하나님이 이렇게 입히시거든, 하물며 너희일까 보냐, 믿음이 작은 자들아"마 6:30. 하나님은 지금도 당신을 돌보고 계신다. 그분은 당신의 공급자이시며, 신실하신 아버지이시다.

쓸데없는 염려, 무익한 걱정: 내일은 주님 손에

내일 무엇을 먹고 살까 염려하지 말라. 우리의 많은 염려는 결국, **아직 오지 않은 내일을 미리 붙들려는 마음**에서 비롯된다. 그러나 내일은 하나님의 손안에 있고, 우리는 오늘이라는 선물을 살아가면 된다. 주님은 말씀하신다. "오늘의 염려는 오늘로 족하니라." 내일 비가 올까 봐 걱정한다고 비가 멈추는가? 키가 작다고 염려한다고 키가 커지는가? 아니다. 염려는 현실에 아무 도움도 주지 못하는 쓸데없고 무익한 것임을 알 수 있다. 어떤 이는 이렇게 말했다. "사슴이 무화과를 말리거나, 사자가 물건을 나르거나, 여우가 장사하는 걸 본 적이 없다. 그런데 그들은 염려 없이 먹고 산다. 사람을 위해 창조된 짐승들도 걱정 없이 먹고 산다면, 창조주 하나님을 섬기기 위해 창조된 우리는 더 잘 먹고 살아야 하지 않겠는가? 염려는 마음을 부패시킨다." 인생은 과거,

현재, 미래로 나뉜다. 과거는 지나갔고, 현재는 지금 이 순간 눈앞에 있다. 그러므로 현재를 사랑하며 섬기며 충실히 살아야 한다. 미래는 아직 우리의 것이 아니다. 20년 후 노후를 염려하며 사는 사람이 있다. 하지만 하나님이 그를 5년 후에 부르신다면, 그 나머지 15년은 자기 것이 아닌 미래를 위해 염려한 셈이다. 미래는 하나님의 손에 있다. 그러므로 미래를 하나님께 맡기고 현재를 믿음으로 살아가자.

미래는 하나님 손에

많은 사람이 미래를 알고 싶어 점쟁이를 찾는다. 특히 신 내린 족집게 점쟁이를 더 신뢰한다. 그러나 '신 내림'이란 귀신 들린 상태를 의미한다. 그들은 보자마자 과거를 맞춘다. 누구에게도 말하지 않은 개인적인 비밀까지 드러내기도 한다. 놀란 마음에 그들의 다음 말까지 모두 믿게 된다. 하지만 귀신은 타락한 천사이기에, 사람의 과거는 정확히 알아도 미래는 알지 못한다. 우리의 미래는 하나님의 손에 있기 때문이다. 그럼에도 점쟁이가 "곧 사고가 날 것이다, 가족이 죽을병에 걸릴 것이다"라고 예언하면 곧이곧대로 믿고 비싼 돈을 들여 굿을 하거나 부적을 산다. 안타깝게도, 주님을 믿는 그리스도인들 가운데서도 점쟁이나 무당을 찾는 이들이 있다. 사람은 본능적으로 어딘가에 기대고 싶어 한다. 미래를 알기 위해 하나님이 아닌 곳을 찾는다면, 결국 참평안이 아닌 더 큰 혼란에 빠지게 된다. 우리의 미래는 하나님께 속해 있다. 그분은 우리보다 더 멀리, 더 깊고 따뜻하게 우리의 앞날을 보고 계신다.

하나님은 선하시고 의로우신 분이다. 그리스도 안에 있는 자녀들에게 복을 주기 원하시며, 약속을 지키시는 신실한 분이시다. "자기 아들을 아끼지 아니하시고 우리 모든 사람을 위하여 내주신 분이 어찌 그 아들과 함께 모든 것을 우리에게 주시지 아니하시겠느냐?" 롬 8:32. 당신을 사랑해 독생자까지 내주신 하나님이 무엇을 아끼시겠는가? 그러니 염려로 스스로 눈을 가리지 말고, 선하신 하나님께 모든 앞날을 맡기자. 미래의 생활을 염려하는 것은 하나님을 믿지 않는 이방인이나 믿음이 작은 자들의 모습이지, 예수님을 믿고 하나님의 자녀가 된 이들이 할 일이 아니다. 염려하지 말라. 염려는 결국 하나님을 믿지 못하는 마음에서 비롯된다.

삶의 우선순위: 먼저 구할 것, 그의 나라와 그의 의

그렇다면 아무것도 염려하지 않고 놀고먹어도 되는 것일까? 하나님이 모든 것을 그냥 주실까? 아니다. 하나님은 우리를 놀게 하려고 이 땅에 보내신 것이 아니다. 우리에게 해야 할 일이 있기 때문에 세상에 보내시고, 택하시고, 부르신 것이다. 그 일이 도대체 무엇일까? 마태복음 6장 33절 말씀이다. "그런즉 너희는 먼저 그의 나라와 그의 의를 구하라, 그리하면 이 모든 것을 너희에게 더하시리라." 주님은 매일의 삶 속에서 우선적으로 해야 할 일이 있다고 하셨다. '하나님의 나라와 하나님의 의'를 구하는 일이 먼저며, 우선순위라는 말씀이다.

하나님의 나라와 의를 삶의 최우선으로 삼으면, 하나님께서 우리의 필요를 책임지신다고 약속하셨다. 하늘의 것을 구하는 자에게 땅의 것을 더하신다. 영적인 것을 추구하면 육적인 것도 채워 주신다. 우선순위를 바꾸면 인생이 달라진다. 내 계획보다 하나님의 뜻을, 내 유익보다 이웃의 유익을 앞세울 때 하늘의 문이 열린다. 거기에 참평안과 진정한 형통이 있다.

하나님의 나라와 의를 구한다는 것은 어떤 삶인가? 복음을 전해 영혼을 구원하는 것이 하나님의 나라를 구하는 삶이고, 말씀에 순종하며 세상에서 빛이 되는 삶이 곧 하나님의 의를 구하는 것이다. 빛을 비춘다는 것은 사랑으로 사는 삶이다. 하나님은 예수님을 믿는 성도가 이 땅에서 하나님 나라의 사절로서 복음의 증인으로, 사랑하며 섬기는 삶을 살기를 원하신다. 예수님의 희생은 우리가 육신의 안락함만 추구하라고 하신 것이 아님을 기억하라.

그러므로 하나님의 나라와 의를 삶의 최우선으로 삼자. 내 것보다 하나님의 것, 내 유익보다 하나님의 유익을 앞세우자. 내 사업보다 교회의 일을, 내 뜻보다 하나님의 뜻을 앞세우라. 우선순위를 바꾸면 인생이 복된 삶으로 바뀐다.

주님은 말씀하셨다. "너희는 세상의 빛이라… 너희 빛이 사람 앞에 비치게 하여 그들로 너희 착한 행실을 보고 하늘에 계신 너희 아버지께 영광을 돌리게 하라" 마 5:14, 16. 사랑으로 실천하는 삶이 빛을 발하며, 착한 행실의 열매다. 하나님은 이렇게 사는 자에게 건강과 형통을 더해 주신다. 반면, 자신만을 위해 움켜쥐는 삶에는 막힘과 고통이 따른다. 이는 하나님의 사랑을 외면하고 세상의 냉혹한 원리에 내맡겨진 삶이기 때문이다.

가난한 자를 향한 손길, 하나님이 갚으신다

하나님은 선하시고 인자하시며 자비로운 분이시다. 그분의 눈은 온 세상을 두루 살피시며, 가난한 이들을 보살필 자를 찾으신다. 그분의 마음은 약한 자들에게로 향하시고, 그들을 품는 자에게 복을 약속하신다. 놀랍게도 하나님은 가난한 이들을 돌보는 자에게, 마치 자신이 빚을 지신 것처럼 반드시 갚아 주시겠다고 약속하신다. 잠언은 이 진리를 아름답게 노래한다. "가난한 자에게 은혜를 베푸는 것은 하나님께 꾸어드리는 것이니, 하나님께서 그 선행을 넉넉히 갚아주시리라"잠 19:17, 새번역. 하나님께서 갚으시는 복은 세상의 계산을 초월한다. 세상 은행의 이자가 10%에도 미치지 못한다면, 하늘의 이자는 30배, 60배, 심지어 100배에 이른다. 예수님의 씨 뿌리는 비유에서 이 신비가 드러난다. "좋은 땅에 뿌려졌다는 것은 곧 말씀을 듣고 받아 삼십 배나 육십 배나 백 배의 결실을 하는 자니라"막 4:20. 이는 하나님의 말씀을 실천하며 사랑으로 사는 자가 맺는 영원한 열매를 뜻한다. 30배는 세상의 계산을 훌쩍 뛰어넘는, 하나님의 놀라운 복이다. 그러나 이 진리를 깨닫지 못하면 영도 육도 궁핍해진다. "서로 사랑하라"는 말씀은 단순한 도덕이 아니라, 하나님 나라의 문을 여는 열쇠다. 가난한 자를 돌보는 손길과 약한 자를 품는 마음은 하늘의 창고를 열어 풍성한 열매로 돌아온다. 이곳은 하나님의 자비와 공의가 만나는 자리이며, 사랑이 하늘의 복으로 열매 맺는 신비다. 그러니 사랑으로 살라. 사랑으로 사는 삶은 선택이 아니라, 하늘 문을 여는 사명이다. 작은 사랑의 손길은 하나님께 드리는 가장 아름다운 예배이며, 그분은 그 손길을 결코 잊지 않으시고 반드시 갚아 주신다.

광대한 우주의 창조주, 그분의 초대

밤하늘을 올려다보면, 하나님의 손으로 빚으신 무수한 별들이 끝없이 펼쳐져 있다. 인간의 셈으로는 다 헤아릴 수 없는 그 광경은, 경외감을 불러일으킨다. 우리가 발 딛고 사는 이 지구는 그 거대한 우주 속에서 한낱 작은 점에 불과하다. 태양은 지구보다 무려 130만 배나 크지만, 우주에는 태양보다 수십억 배 큰 별도 존재한다. 이 광대무변한 우주, 그 모든 것을 창조하신 분이 바로 하나님이다. 이사야 선지자는 이 위대한 하나님을 이렇게 노래한다. "보라,

그에게는 열방이 통의 한 방울 물과 같고, 저울의 작은 티끌 같으며, 섬들은 떠오르는 먼지 같으리니… 그의 앞에는 열방이 아무것도 아니라 그는 그들을 없는 것같이, 빈 것같이 여기시느니라"사 40:15, 17. 이 말씀 앞에 우리 인간은 물 한 방울, 아니 눈에 보이지도 않는 먼지나 티끌보다도 보잘것없는 존재다.

왜 우주를 통치하시는 하나님께서, 티끌 같은 우리에게 시선을 두시는가? 왜 가난한 자를 돌보는 이에게 "내가 너의 채무자가 되리라"며 낮아지시는가? 이는 그분의 깊은 사랑 때문이다. 하나님은 자녀들이 사랑의 행위를 통해 그분의 영광을 세상에 비추길 바라신다. 가난한 자를 돌보는 손길, 약한 자를 품는 마음은 그분의 이름을 높이는 빛이다. 이는 단지 우리의 연약함을 위한 구원에 그치지 않고, 하나님의 영광에 동참하라는 부르심이다. 작은 사랑의 행위에 30배, 60배, 100배의 열매가 맺히도록 그분이 복의 문을 여신다. 광대한 우주를 지으신 하나님의 부르심에 응답하라. 우리의 손길은 그분의 영광을 비추는 빛이며, 선한 행위는 영원한 복으로 열매 맺는다.

복음과 사랑의 열매: 치유, 보호, 응답의 약속

복음을 전하고 가난한 자를 돌보는 삶은 하나님의 능력을 이 땅에 드러내는 통로다. 하나님은 그런 삶을 사는 자에게 놀라운 은혜를 약속하셨다. '가난한 자를 돌보는 것은 하나님께 꾸어 드리는 것이다'는 앞서 살펴보았지만, 하나님은 이사야서를 통해 구체적인 약속을 주신다. "주린 자에게 네 양식을 나누어 주며, 유리하는 빈민을 집에 들이며, 헐벗은 자를 보면 입히며… 그리하면 네 빛이 새벽 같이 비칠 것이며, 네 치유가 급속할 것이며, 네 공의가 네 앞에 행하고, 여호와의 영광이 네 뒤에 호위하리니… 네가 부를 때에는 나 여호와가 응답하겠고, 네가 부르짖을 때에는 '내가 여기 있다' 하리라"사 58:7-9.

하나님은 사랑을 실천하는 자에게 세 가지 복을 약속하신다.

첫째, 병든 몸을 치유하시고,

둘째, 하나님의 영광으로 보호하시며,

셋째, 부르짖을 때 즉시 응답하신다. 이 약속은 시편에서도 확인된다.

"가난한 자를 보살피는 자에게 복이 있음이여, 재앙의 날에 여호와께서 그를 건지시리로다. 여호와께서 그를 지키사 살게 하시리니… 그를 병상에서 붙드시고, 그가 누워 있을 때마다 그의 병을 고쳐주시나이다"시 41:1-3.

하나님은 도움이 필요한 이들을 사랑으로 섬기는 자에게 실제적인 은혜로 응답하신다.

환난에서 건지시고, 병상에서 일으키시며, 죽음의 그늘 속에서도 생명의 빛을 비추신다.

가난한 자를 품는 삶은 단순한 선행이 아니라, 하나님의 마음을 따라 걷는 거룩한 부르심이며, 그분의 복으로 인도되는 복의 길이다.

절망 속에서 피어난 복음

김정준1914-1981, 한 소년이 있었다. 그는 부모의 강한 반대에도 불구하고 교회를 다니는 일을 멈추지 않았다. 고등학교를 졸업한 뒤 신학교에 진학해 목회자의 길을 걸었고, 조그마한 시골 교회에서 담임으로 섬기기 시작했다. 그는 누구보다 성실하고 헌신적으로 교회를 섬겼다. 그러던 어느 날 밤, 그는 갑작스러운 기침과 함께 입안 가득 피를 쏟아 냈다. 병원을 찾은 그는 폐결핵 3기라는 진단을 받고 충격에 빠졌다. 목회는 더 이상 이어 갈 수 없었고, 사랑하는 가족 곁에서도 떠나야 했다. 결국 그는 마산에 위치한 결핵 요양소로 향했다. 요양소에서 다시 받은 정밀검사 결과, 그는 병세가 가장 심각한 환자들이 배치되는 '무덤 앞 병동'으로 들어가게 되었다. 그곳은 이름 그대로, 살아서 퇴원하는 사람이 거의 없는 병동이었다. 의료진은 그에게 남은 시간을 '약 3개월'이라 전했다. 모든 것이 무너지는 것 같았다.

그는 하나님께 원망을 쏟아 놓았다. 부모의 박해 속에서도 신앙을 지켰고, 결국 목회자가 되었는데 왜 이렇게 허망한 죽음을 맞아야 하는지 이해할 수 없었다. 그러나 마음 깊은 곳에서, 죽음마저 하나님의 손안에 있다는 사실이 그의 심령을 흔들었다. 그는 결단했다. "이왕 죽을 바에는, 복음을 전하다가 죽자." 그날부터 그는 병동 곳곳을 다니며, 피를 토해 내는 환자들의 휴지를 정리하고, 그들을 위로하며 복음을 전하기 시작했다. 고통과 죽음이 그림자처럼 드리운 그곳에서, 그는 복음의 빛을 품은 작은 등불이 되었다.

놀라운 일이 일어났다. 그는 그토록 바쁘고 고된 일을 했음에도, 피곤함을 느끼지 않았다. 오히려 몸에는 힘이 생기고, 병세는 날마다 호전되었다. 그렇게 3개월이 지나자, 그의 폐결핵은 완치 판정을 받았고, 그는 요양소를 걸어서 퇴

원했다. 하나님의 말씀이 이루어진 것이다. 생명의 주인이신 하나님께서 죽음의 경계선 앞에 선 이 젊은 목사를 살리셨다. 복음은 고난 속에서도 빛난다.

소돔과 고모라의 교훈: 외면당한 가난

소돔과 고모라 성이 왜 멸망한 줄 아는가? 주민들이 성적 타락으로 음란했기 때문이라고? 틀린 말은 아니다. 그러나 간음과 동성애 등 성적 타락보다 더 무서운 죄 때문이었음을 성경은 말하고 있다. 성적 타락보다 더 무서운 죄가 무엇일까? 에스겔 16:49-50절은 말한다. "네 동생 소돔의 죄악은 이러하다. 소돔과 그의 딸들은 교만하였다. 또 양식이 많아서 배부르고 한가하여 평안하게 살면서도, 가난하고 못사는 사람들의 손을 붙잡아 주지 않았다. 오히려 그들은 교만하였으며, 내 눈앞에서 역겨운 일을 하였다. 그러므로 내가 그것을 보고는, 그들을 없애버렸다"표준 새번역. 소돔과 고모라의 진짜 죄는 교만과 무자비함, 곧 가난한 자를 외면한 냉혹한 마음이었다. 이는 하나님의 공의와 사랑을 거스르는 더 깊은 죄였다. 풍요 속에서 이웃을 잊는 자는 하나님의 심판을 피할 수 없다.

하늘 보물 쌓는 법: 먼저 심고 사랑하라

지금 재정적으로 부족함을 느끼고 있는가? 하는 일이 막히고, 자신이나 가족 중 누군가가 궁핍함으로 고통받고 있지는 않은가? 그렇다면 주님께서 하신 말씀에 다시 귀를 기울여 보자. "너희는 먼저 그의 나라와 그의 의를 구하라. 그리하면 이 모든 것을 너희에게 더하시리라"마 6:33. 이 약속을 믿고, 우리의 생활 패턴을 믿음으로 바꾸어 보는 것은 어떠한가? 아무리 힘들어도 하나님의 것을 하나님께 돌려드리고, 부지런히 복음을 전하며, 가난한 자들을 구제하는 삶―곧 하나님께 꾸어 드리는 삶을 살아 보자.

해외 선교사들, 농어촌의 미자립 교회 사역자들, 선교지의 극빈자들, 그리고 바로 내 주변의 어려운 이웃들. 이들을 외면하지 않고 사랑의 손길을 내미는 것이다. "지금은 형편이 어려우니 나중에 넉넉해지면 하겠다"는 생각이 들 수 있다. 그러나 그 생각을 바꾸어야 한다. 성경은 먼저 심는 자가 열매를 거둔다고 말한다. 세상의 지혜 또한 먼저 베푸는 것의 중요성을 이야기하곤 한다. 형편이 어려울수록 더욱 열심히 선한 씨를 심는 자가 지혜로운 사람이다.

　믿음으로 사랑의 씨앗을 심으면, 하나님이 자라게 하신다. 우리가 심을 때 흐르기 시작하고, 나눌 때 더 깊어진다. 오늘, 그 선하신 부르심을 믿고 새롭게 시작하자. 이 부요함은 단지 헌신이 하늘의 보물로 쌓이는 데서 멈추지 않는다. 삶의 방향을 영원의 기준으로 비추어, 주님께 드리는 시간 속에서 참된 가치를 발견하게 한다. 이제 우리는, 무엇이 진정한 가치인지, 어디에 삶의 무게를 두고 있는지 깊이 돌아보아야 한다.

제6장

당신의 가치는 어디에 기준을 두고 있는가?

빌 1:20-24

삶과 죽음 사이, 당신의 시간은 어디를 향해 흐르는가?

하나님의 은혜는 나눔과 헌신을 통해 하늘의 보물을 쌓게 하신다. 이 은혜는 우리의 삶을 단지 이 땅의 시간으로 한정하지 않고, 영원의 가치를 향해 인도하신다. 그리스도 안에서 자신의 삶을 주관하시는 하나님을 신뢰하며 믿음의 길을 걷는 이들이 있다. 그들은 하루하루를 살아 내는 가운데서도, 영원의 이정표를 바라본다. 이들은 삶과 죽음 사이의 시간을 주님께 드리는 자들이다. 그러나 세상에는 여전히, 자신이 누구인지, 어디를 향해 가는지도 모른 채 살아가는 영혼들이 많다. 눈을 떴으나 보지 못하고, 발은 움직여도 방향을 알지 못하는 이들— 목적 없는 열심 속에서 방황하는 영적 맹인들이다.

두 갈래 길: 영원을 향한 걸음인가, 헛된 분주함인가?

우리는 모두 바쁘게 살아간다. 가족을 부양하고 미래를 준비하며 하루하루를 치열하게 보낸다. 그러나 그 모든 걸음의 끝에는 단 하나, '마지막'이 기다리고 있다. 그 길 위에서 문득 멈춰 묻게 된다. "나는 지금, 무엇을 위해 이 시간을 쓰고 있는가?"

삶과 죽음 사이에 주어진 시간은 하나님께서 우리에게 맡기신 가장 귀한 선물이다. 이 짧은 시간이 곧 영원을 결정짓고, 상과 벌의 방향을 가른다. 누군가는 그 시간을 헛된 일에 흘려보내고, 또 누군가는 영원을 위해 아낌없이 드린다. 사도 바울은 고백했다. "살든지 죽든지 내 몸에서 그리스도가 존귀하게 되게 하려 하나니, 이는 내게 사는 것이 그리스도니 죽는 것도 유익함이라" 빌 1:20-21. 영원을 바라보며 주님께 시간을 드리는 자만이 지혜로운 자다. 그 시간은 헛되지 않고, 하늘에 기록되는 영원한 열매가 된다. 지금 나는 어디를 향해 걷고 있는가? 이 시간은 누구를 위해 흘러가고 있는가?

세상이 말하는 삶: 쾌락, 금욕, 그리고 이상

사람마다 삶을 바라보는 눈이 다르다. 어떤 이들은 단순히 생존을 위해 산다. 살아 있으니 별다른 생각 없이 하루하루 먹고사는 데 만족하는 이들이다. 그들의 삶은 한마디로 "먹고 마시고 즐기는" 주의다. 예나 지금이나 많은 사람이 이런 인생을 택한다. '내일은 알 수 없으니 오늘 잘 먹고 잘 살자'는 생각이 그들을 이끈다. 이들은 무리를 지어 모임에 참석하고, 여행을 다니며, 살아 있는 동안 마음껏 즐기자는 에피쿠로스적인 인생관을 따른다. 쾌락을 삶의 목표로 삼는 이들의 모습이다.

또 다른 이들은 지적이고 금욕적인 삶을 추구한다. '참고 견디며 인내하는' 삶을 선택하는 이들이다. 인생이 아무리 고달파도 미래를 바라보며 묵묵히 견디려 한다. 인간은 동물과 달리 덕을 세우고, 올바른 행위를 하며, 세상에 적극적으로 임해야 할 의무가 있다고 여긴다. 도덕, 의무, 정의 같은 덕목을 중심에 두고, 우애와 자비심을 강조하는 스토아주의적인 인생관이다. 흔히 책임 있는 소시민의 삶이라 불리는 방식이다.

그리고 이상주의적인 인생관을 가진 이들도 있다. 큰 기업을 일구어 일자리를 만들고, 세금을 내어 국가에 기여하겠다는 꿈을 품고 평생 사업에 매진하는 사람이 있다. 민주화 운동을 위해 감옥을 드나드는 이도 있고, 사상 투쟁을 위해 조직을 만들고, 반대파를 제거하는 일에 목숨을 거는 이도 있다. 이들은 세상을 바꾸거나 이념을 실현하려는 열망으로 산다. 각기 다른 이 인생관들은 삶의 목적과 가치를 어디에 두느냐에 따라 갈린다. 당신은 어떤 인생관으로 오늘을 살아가고 있는가?

바울의 전환: 예수를 만나 깨달은 삶의 이유

그러나 바울의 인생관은 전혀 달랐다. 이단으로만 여겼던 나사렛 예수가 인간으로 성육신하신 하나님이라는 사실에 할 말을 잃었고, 신비한 방법으로 자기를 찾아오신 주 예수를 만난 바울은 놀람과 충격으로 밤을 지새워야 했다. 그분이 죄인들을 얼마나 사랑하셨기에 하늘의 영광을 버리고 인간으로 성육신하셨으며, 그들의 죄를 속량하시기 위해 그 무서운 고난을 자청하셨단 말인가! 그는 비로소 하나님의 사랑 앞에 무릎을 꿇었다.

하나님을 등지고 마귀를 따라 사는 죄인들을 구원하시기 위해, 자기가 지으신 시간과 공간 안으로 들어오셔서 자기가 만든 인간들에게 온갖 수모를 당하시며 십자가에서 피 흘려 죽으신 주님, 죽음을 정복하시고 부활하셔서 생명의 주가 되신 그리스도 예수 ―그분이 자신의 모든 죄와 허물을 사해 주시고, 마음을 열어 진리를 깨닫게 하시고, 어둔 눈을 밝혀 하늘 영광을 보게 하시고, 사도라는 귀한 직분을 맡기신 것이다. 그의 삶은 180도 바뀌었다. 비로소 자신이 누구이며, 왜 살아야 하는지를 깨닫게 된 것이다.

그리스도를 만난 바울은 삶의 이유가 달라졌다. 이전에는 자신을 위해 살았지만, 이제는 '사는 것조차' 주님을 위한 것이 되었다. '사는 것이 그리스도요, 죽는 것도 유익하다'는 이 고백은 단순한 신념이 아니었다. 삶의 목적이 오직 주님이신 자만이 할 수 있는 고백이었다.

세상의 쾌락도, 금욕도, 이상도 아닌, 오직 그리스도만이 그의 삶의 이유였다.

"사는 것이 그리스도": 바울의 고백, 우리의 물음

당신은 무엇을 위해 살아가는가? 바울처럼 그리스도를 삶의 중심에 두고 있는가?

성령으로 거듭난 바울에게 죽음은 끝이 아니라, 주님과 함께하는 더 나은 시작이었다. 그는 세상살이가 괴로워 죽음을 바란 것이 아니라, 낙원을 다녀온 후 그 영광과 아름다움을 알았기에 죽는 것이 훨씬 더 좋은 일이라고 고백했다. 그의 말에 귀 기울여 보자. "차라리 세상을 떠나서 그리스도와 함께 있는 것이 훨씬 더 좋은 일이라"빌 1:23.

그는 살아서 복음을 전하는 일과 죽어 주님과 함께하는 영광 사이에서 고민했지만, 개인적인 소망으로는 주님 곁에 가는 것을 더 기쁘게 여겼다. 대부분은 죽음을 두려워하지만, 바울은 왜 그것을 유익이라 말했을까? 그 이유는 천국에서 주님과 함께하는 소망 때문이다. 이 소망이 있었기에 그는 어떤 핍박 속에서도 믿음을 굳게 지킬 수 있었고, 죽음조차 두려워하지 않았다. 이런 소망을 품은 성도는 이 땅에서도 주님과 동행하며 살 수 있다. 그렇다면 어떻게 주님과 함께할 수 있을까? 몇 가지를 생각해 보자.

영혼의 호흡, 기도: 주님과 끊임없는 대화

기도는 믿는 자의 숨이다. 아무리 바쁘고 힘든 하루라도, 기도로 하나님과 마음을 나누는 그 시간이야말로 영혼이 숨을 고르는 시간이다. 주님과 동행하기를 원한다면, 그분과의 대화를 멈추지 말아야 한다. 기도는 영혼이 사는 길이다. 기도 없이는 주님과 깊은 교제가 이루어질 수 없고, 성령의 충만함도, 하나님이 예비하신 복도 누릴 수도 없다.

기도하시는 예수님을 보라. 예수님은 하늘의 지혜와 능력을 지닌 메시아로, 인간으로서는 상상할 수 없는 권능으로 사역하셨다. 그러나 주님은 틈만 있으면 기도하셨다. 새벽 미명에 기도하셨고, 산에 올라가 조용히 기도하셨으며, 진액을 쏟아 부르짖는 기도 가운데서도, 성령 안에서 늘 아버지와 교제하셨다. 메시아의 신비한 사역의 원천은 바로 기도였다. 진리의 말씀을 읽고, 듣고, 깨달아 지식을 쌓는 일은 중요하다. 예배에 빠짐없이 참석하는 것 또한 소중하다. 주 안에서 성도 간의 교제 역시 귀하다. 그러나 기도는 그 어떤 사역보다 우선이다. 에베소서 6장 18절은 말한다. "모든 기도와 간구를 하되 항상 성령 안에서 기도하고, 이를 위하여 깨어 구하기를 항상 힘쓰며" 모든 기도를 하라는 것이다. 골방기도, 부르짖는 기도, 묵상하는 기도―이 모든 기도 안에서 주님과 깊이 교제하며 살아야 한다.

생명의 양식, 말씀: 듣고 행하는 영혼의 힘

그리고 주님과 함께 사는 성도는 영의 양식을 먹어야 산다. 몸이 배고프면 먹어야 살 듯, 영혼도 양식을 필요로 한다, 말씀을 듣고, 그 말씀을 따라 살아갈 때 영혼은 힘을 얻는다, 읽기만 하고 행하지 않으면, 마치 음식 냄새만 맡고 먹지 않는 것과 같다. 말씀은 삶에서 실천될 때 비로소 진짜 양식이 된다. 그러니 육신의 양식을 위해 애쓰는 것처럼, 영의 양식을 위해서도 힘써야 한다. 영의 양식은 무엇인가? 하나님의 말씀이다. 예수님 말씀을 들어 보자. "사람이 떡으로만 살 것이 아니요, 하나님의 입으로부터 나오는 모든 말씀으로 살 것이라"마 4:4. 하나님의 입에서 나오는 말씀은 성경 안에 있다. 그래서 성경을 읽고 묵상하며, 말씀을 풀어 주는 설교를 귀 기울여 듣고 지키라는 것이다. 음식을 먹으면 육신에 힘이 생기고 강건해지지만, 먹지 않으면 육신은 병들어 결국 죽게 된다. 영혼도 마찬가지다. 영의 양식을 먹으면 영혼이 힘을 얻고 강해지지만, 섭취하지 않으면 허약해져 병들고 죽는다.

참된 양식: 하나님의 뜻을 행하는 순종의 삶

예수님은 말씀하셨다. "나의 양식은 나를 보내신 이의 뜻을 행하고 그분의 일을 이루는 것이라"요 4:34. 이 말씀은 단지 은유가 아니라, 실제로 영혼을 살리는 생명의 통로다. 그러나 많은 이들이 성경을 읽고 설교를 듣는 것만으로 영의 양식을 먹었다고 착각한다. 듣기만 하고 행하지 않는다면, 이는 씨앗을 품고도 뿌리지 않는 것과 같다.

참된 영의 양식은 순종이다. 귀에만 머무는 말씀이 아니라 삶으로 옮겨지는 말씀이 진짜 능력이 된다. 그대는 지금 무엇으로 영혼을 먹이고 있는가? 말씀을 듣는 데서 멈추지 말고, 그 말씀대로 살아 내라. 순종은 말씀을 현실 속에서 능력으로 바꾸는 다리이며, 우리가 진정으로 그리스도 안에 거하는 길이다.

선택하는 양식: 어떤 영을 살찌우고 있는가?

우리가 어떤 영을 따르고 있는지는 일상 속에서 드러난다. 예를 들어 보자. 누군가가 나에게 불편한 태도를 보인다고 해서 나도 그를 미워한다면, 그것은 다툼과 미움의 영에게 먹을 것을 주는 셈이다. 그렇게 되면 그 어두운 영은 점점 힘을 얻고, 관계는 멀어지며 화해는 어려워진다. 하지만 그를 진심과 사랑으로 대하면, 미움의 영은 굶주려 약해지고, 대신 평화의 영이 자라나 둘 사이에 화해와 평화의 열매가 맺히게 된다. 또한 마음속에 분노가 일어날 때, 그 감정을 말이나 행동으로 표출하면, 마치 분노라는 늑대에게 고기를 던져 주는 것과 같아, 분노는 힘을 얻어 점점 더 사나워진다. 그러나 그 순간 기도하며 참고 절제하면, 분노는 점차 힘을 잃고 결국 가라앉는다. 거짓과 교만, 욕심과 음란, 시기와 질투 같은 어둠의 영에게는 먹을 것을 주지 말고 굶겨야 한다. 대신 사랑과 기쁨, 평화, 인내, 온유 같은 하나님의 성품을 따르는 선한 영에게는 날마다 양식을 주어야 한다.

말씀을 듣는 데 그치지 말고, 그 말씀을 따라 살아야 한다. 미움의 순간에 사랑을 선택하고, 분노가 일어날 때 자비를 품으며, 유혹 앞에서는 주님의 뜻을 붙들어야 한다. 그것이 바로 영의 양식을 먹는 삶이며, 주님과 진실하게 동행하는 길이다.

살아 있는 믿음의 증거: 사랑과 전도의 사명

하나님의 사람은 숨만 쉬며 살아가는 존재가 아니다. 주님께 받은 사랑을 전하고, 복음을 증거하며, 맡겨진 사명을 따라 움직이는 삶이 진짜 '산 믿음'이다. 사랑하며 복음을 전하며 사는 것, 그것이 주님의 기쁨이요 우리를 향한 부르심이다. 사도 바울을 보라. 그는 주님의 직분을 감당하기 위해 매 맞고, 헐벗고, 굶주리고, 감옥에 갇혔다. 돌에 맞아 죽음의 문턱까지 갔으며, 결국 체포되어 순교했다. 주님이 주신 사명을 감당하기 위해 기꺼이 자기를 희생한 것이다. 죽고 사는 문제는 주님 손에 맡기고, 사명을 위해 자신의 모든 것을 걸었다. 우리에게 주신 사명은 무엇인가? 크게 두 가지로 요약할 수 있다. 하나는 '서로 사랑하는 일'이고, 또 다른 하나는 '증인의 삶을 사는 것'이다. 증인의 삶이란 곧 복음을 전하며 사는 삶이다. 우리가 증인의 삶을 살면 우리를 부르시고 사명을 주신 하나님께 상을 받을 것이요, 만일 중인의 삶을 거부하고 세상 재물만 푯대 삼아 달려가는 그리스도인으로 산다면 화가 있을 것이다. "내가 복음을 전할지라도 자랑할 것이 없음은 내가 부득불 할 일임이라. 만일 복음을 전하지 아니하면 내게 화가 있을 것이로다"고전 9:16.

피로 쓰인 믿음: 순교자들의 증언(페르페투아 이야기)

초대교회 이후 지금까지 7천만 명 정도의 그리스도인이 믿음을 지키다 순교했다. 공개되지 않은 숫자를 포함하면 1억 명은 넘을 것이다. 역사가들의 기록을 보면 순교자들은 참혹한 죽음을 당했다는 것을 알 수 있다. 동물 가죽을 입은 채 개들에게 찢기고, 콜타르에 적셔 횃불로 태워지고, 굶주린 맹수들에게 먹히고, 교수형을 당하기도 했으며, 화형을 당하기도 했다.

셉티미우스 세베루스Septimius Severus 황제재위 193-211가 202년 "유대교와 기독교로 개종하는 자는 사형에 처한다"는 칙령을 발표한 후. 북아프리카 카르타고 귀족 출신 페르페투아 Perpetua ?-203의 순교 이야기는 오늘을 사는 우리에게 짙은 감동을 준다.

"나는 주님의 성도입니다": 페르페투아, 죽음 앞의 담대한 고백

22세 때 복음을 받아들인 그녀는 세례 후에 오빠와 함께 체포되었다. 그녀가 일기에 남긴 글이다. "우리는 감옥으로 가는 길에 잠깐 쉴 틈을 이용해 세례를 받았다. 내가 세례수에서 나왔을 때, 고통을 견뎌 낼 인내 외에는 아무것도 청하지 말라는 생각을 성령께서 내 안에 불어넣으셨다."

딸을 끔찍이 사랑했던 아버지가 감옥으로 찾아와서 딸에게 그리스도를 부인하라고 설득했다. 그러나 그녀는 아버지의 눈물에도 주님을 배반할 수 없었다. 그녀의 일기는 계속된다. "며칠 후 사람들은 우리를 끔찍할 만큼 깜깜한 감옥에 가두었다. 내 생전 그런 지하 감옥을 한 번도 본 적이 없기 때문에 너무 무서웠다. 숨 막힐 것 같은 암흑과 뜨거운 열기가 좁디좁은 공간을 가득 채우고 있었다. 감옥의 고통뿐만 아니라 감시병들의 야비함까지, 우리는 수많은 고통을 겪어야 했다. 하지만 내게 가장 큰 고통은 내 아들과 헤어져야 하는 것이었다… 나는 어머니께 아들을 맡기며 위로했고, 오빠도 다독였다."

 이 일기를 쓴 그날 밤, 페르페투아는 자신과 오빠가 순교하는 환상을 보았다. 그녀가 본 환상의 은총은 아무런 동요 없이 믿음을 충실히 지킬 수 있도록 두 사람에게 힘을 주었다.
 그녀의 일기는 계속 이어진다. "며칠 후 우리는 심문을 받기 위해 공개 재판정에 끌려 나갔다. 나보다 먼저 심문 받은 사람들이 모두 용감하게 믿음을 고백했다. 내 차례가 왔을 때, 갑자기 아버지가 내 아들을 데리고 나타나셨다. 아버지는 나를 단 아래로 끌어내리며, '누가 이 아이를 돌봐 주고 사랑해 줄 것이냐'며 애걸했다. 아버지는 내 앞에 무릎을 꿇고 울며 간청하셨다. 총독도 가세해 말했다. '네 아버지의 흰머리를 보아라. 네 자식을 불쌍히 여겨 황제에게 경배를 드려라.' 나는 대답했다. '나는 절대 그럴 수 없습니다… 나는 주님의 성도입니다.' 그러자 총독은 우리를 맹수에게 던져 죽이라는 판결을 내렸다. 우리는 기쁜 마음으로 감옥으로 돌아왔다."

 203년 3월 7일, 로마 황제는 아들의 생일을 맞아 백성들에게 오락거리를 선물했다. 카르타고의 거대한 원형 경기

장에서 성도들을 맹수에게 던져 죽이는 것이었다. 그날의 상황을 누군가가 페르페투아의 일기 마지막에 이렇게 기록해 두었다. "페르페투아는 원형 경기장 안으로 천천히 발걸음을 옮겼다. 마치 그리스도의 신부 같았다. 누구도 감히 바라볼 수 없을 정도로 그녀의 시선은 빛나고 있었다. 먼저 페르페투아가 소에 받혀 공중에 던져졌다가 등을 아래로 하고 땅에 떨어졌지만 다시 일어섰다. 그리고 (다른 자매가) 땅에 넘어져 있는 것을 보고 달려가 부축하여 일으켜 세웠다… 페르페투아는 오빠 사투루스와 남아 있는 다른 성도들에게 말했다. '모두 믿음으로 굳세게 버티세요… 우리가 당하는 고통 때문에 용기를 잃지 마십시오!' 하지만 관중들은 페루페투아의 죽음을 요구했고, 페르페투아는 남은 성도들과 마지막 입맞춤을 나눈 후, 스스로 목을 내밀어 칼을 받아들였다. 믿음을 고백한 대가로, 그녀는 순교의 영광을 입었다."

생명보다 귀한 믿음, 당신의 선택은 무엇인가?

"내게 사는 것이 그리스도니, 죽는 것도 유익함이라"고 고백했던 바울처럼, 페르페투아 또한 생명보다 귀한 것을 붙들었기에 죽음 앞에서 흔들리지 않았다. 그들은 천국에서 주님과 함께하는 영광을 보았기 때문이다.

그러나 오늘날 우리의 모습은 어떠한가? 사소한 시험에도 쉽게 믿음을 저버리고, 썩어질 것을 위해 영원한 가치를 외면하고 있지는 않은가? 만일 그 순교의 위협이 당신 앞에 닥쳤다면, 어떤 대답을 할 것인가. 페르페투아는 그 답을 순결한 피로 써 내려갔고, 그 고백은 오늘 우리에게 묻고 있다. 당신의 삶의 주인은 누구이며, 당신의 가치는 어디에 기준을 두고 있는가?

은혜는 면죄부가 아니다: 죄와 타협 없는 순종의 삶
(아이반 터틀의 경고)

은혜받은 성도라면 사도 바울처럼 주님의 통치를 받으며, 어떤 위협이나 환난이 닥쳐와도 주님이 주신 믿음을 끝까지 지켜 내야 한다. 주님의 십자가 희생으로 죄 사함을 받았다면, 이제는 죄를 멀리하고 의를 따라 사는 것이 마땅하다. 자신의 임사 체험을 간증한 아이반 터틀Ivan Tuttle은 반복적인 죄에 대해 강하게 경고한 바 있다. 그는 사탄이 사람들의 마음에 속삭이는 메시지를 이렇게 요약한다. "재물을 탐해도 괜찮아. 불륜을 저질러도, 옷이 없고 배고프다고 도둑질을 해도 하나님은 용서하실 거야. 그러니 계속 그렇게 살아도 돼." 사탄은 사람들을 안심시키려 한다. 그러나 그것은 진리가 아닌 거짓이다.

그가 간증한 바에 따르면, 사탄의 가장 무서운 속임수는 '한번 구원받으면 항상 구원받는다'는 생각과 '극단적인 은혜'라는 잘못된 교리라고 했다. 이러한 거짓된 복음은 오히려 회개를 방해하고, 결국 무신론보다 더 많은 사람들을 지옥으로 밀어 넣고 있다고 그는 경고한다. 그는 고린도전서 6장 9-10절 말씀을 인용하며, 반복적으로 죄를 짓고도 회개하지 않는 자는 하나님의 나라에 이를 수 없다고 분명히 밝혔다. 이는 단지 그의 개인적인 체험을 넘어, 성경이 끊임없이 경고해 온 말씀과 일치한다. 하나님의 은혜는 죄를 묵인하거나 방관하는 면허증이 아니다. 오히려 죄에서 벗어날 수 있도록 이끄는 능력이며, 거룩함을 따라 살아갈 수 있도록 돕는 권세이다.

그리스도 중심의 삶, 하늘에 남는 가치를 향하여

그러므로 우리는 그리스도 예수 안에서 살아야 한다. 주님의 통치를 받으며, 그분의 말씀에 민감하게 반응하고, 주님께서 맡기신 사명을 따라 오늘을 살아야 한다. 바울처럼, 페르페투아처럼, "내가 사는 것은 그리스도니, 죽는 것도 유익하도다"라고 고백할 수 있는 믿음의 사람이 되어야 한다. 이 고백이 내 삶의 중심이 될 때, 그 어떤 두려움도 나를 흔들 수 없다. 세상이 말하는 성공보다, 주님 앞에서의 충성이 더 귀하게 느껴진다면, 당신은 이미 복된 인생을 살아가고 있는 것이다. 그것이 진정한 은혜의 증거이며, 그 사랑이 오늘도 우리를 거룩한 길로 이끌고 있다. 그러나 그 은혜는 거기서 멈추지 않는다. 주께서 주신 이 은혜는 우리의 삶을 그리스도 중심으로 세우는 데서 나아가, 우리의 눈을 하늘로 들어 덧없는 세상의 가치를 넘어 하나님의 나라를 위한 보물을 쌓게 하신다. 이제 우리는, 어떤 삶이 '하늘에 남는 삶'인지 마음 깊이 묵상해 보아야 한다.

제3부

은혜로다 주의 은혜
- 세상이 줄 수 없는 답을 만나다

제1장
하늘에 남는 삶을 살고 있는가?
마 6:19-21

덧없는 세상 가치 너머, 하늘에 쌓는 영원한 보물

하나님의 은혜는 그리스도 중심의 삶을 통해 우리를 거룩함으로 이끄신다. 이 은혜는 세상의 길이 아니라 하늘의 길로 우리의 걸음을 인도한다. 그리스도의 빛이 마음에 들어오는 순간, 방향 잃은 나침반은 마침내 하늘을 가리키기 시작한다. 무엇을 위해 살아야 할지, 어디로 향해야 할지 고민하던 삶에 분명한 이정표가 세워진다. 은혜의 빛은 우리로 하여금 세상의 덧없는 가치를 내려놓고, 하나님의 나라를 위한 삶을 선택하게 한다. 돈과 명예, 쾌락이 더 이상 눈부시게 보이지 않게 되고, 하늘의 영광이 마음에 선명하게 비춰진다. 예수님은 말씀하셨다. "너희를 위하여 보물을 땅에 쌓아 두지 말라… 보물을 하늘에 쌓아두라… 네 보물 있는 그곳에는 네 마음도 있느니라"마 6:19-21. 이 말씀은 단순하지만 깊은 질문을 던진다. 지금 당신은 어디에 보물을 쌓고 있는가?

예수님의 가르침: 교리를 넘어 삶으로 증명하라

어떤 이는 말한다. "기독교는 머리로는 알겠는데, 가슴이 움직이지 않는다"고. 교리와 이론은 가득한데, 삶의 숨결은 느껴지지 않는다는 것이다. 어쩌면 우리도 그런 신앙에 익숙해졌는지 모른다. 말은 옳고, 해석은 정확한데… 이상하게도, 마음은 뜨겁지 않다. 하지만 예수님은 달랐다. 들판의 꽃, 하늘을 나는 새, 농부의 손길 속에서 하늘의 진리를 풀어내셨다. 먼 나라 이야기가 아니라, 지금 내 곁에서 부르는 음성이었다. 그분의 말씀은 지식이 아니라, 삶이었다. 그래서 사람들은 놀랐다. "그는 서기관들과 달랐다"고.

예수님의 목소리엔 하늘의 온기가 있었다. 그분은 가르치신 것을 몸으로 사셨고, 말씀하신 것을 사랑으로 이루셨다. 그래서 그분의 말 한마디가 영혼을 깨우고, 잊고 있던 길을 다시 보게 했다. 생각해 보라. 땅에 쌓는 보물은 언젠가 사라진다. 그러나 하늘에 쌓는 보물은 썩지도, 녹슬지도 않는다. 오늘 우리가 하는 작은 결단 하나, 작지만 진실한 순종 하나가 그 하늘의 창고에 쌓여 간다. "의에 주리고 목마른 자는 복이 있나니…" 그 약속은 먼 미래가 아니라, 오늘 우리 앞에 서 있다. 지금, 나는 어디에 마음을 두고 살아가는가? 말씀은 물음으로 다가온다. 그리고 삶으로 대답하길 기다리고 있다.

땅의 것인가, 하늘의 것인가: 당신의 보물

무엇을 가장 귀하게 여기는가? 돈, 명예, 사람들의 인정…. 마음이 머무는 곳이 곧 우리의 보물이다. 하지만 주님은 말씀하신다. "너희 보물을 땅에 쌓지 말고, 하늘에 쌓아 두라." 곧 사라질 것에 집착하지 말고, 영원한 것을 바라보라는 초대다. 시간을 나누고, 사랑을 나누는 삶, 그것이 곧 하늘 창고에 보물을 쌓는 길이다. 돈에는 관심 없다던 목회자라도 감투 하나 얻으려고 시간과 돈을 쏟아붓고 선거운동에 열을 낸다면, 그에게 감투가 곧 땅의 보물인 셈이다. 우리 모두에게 이런 보물이 하나쯤은 있지 않을까. 그렇다면 하늘에 보물을 쌓는 삶은 어떤 모습일까? 하나님이 우리에게 맡기신 시간, 재물, 재능을 사랑으로 흘려보내는 것이다. 디모데전서 6장의 말씀은 분명히 말한다. "마음을 높이지 말고, 정함 없는 재물에 소망을 두지 말라… 선을 행하고, 나누어 주기를 좋아하며, 너그러운 자가 되게 하라." 하늘의 창고는 그런 삶을 기억하신다.

믿음의 사람은 안다. 내 손에 쥔 것들이 내 것이 아니라는 것을. 모두가 하나님께서 맡기신 청지기의 도구일 뿐이다. 그래서 기쁘게 나누고 기꺼이 드린다. 히브리서 11장의 선진들처럼, 보이지 않는 영원한 본향을 바라보며 흔들리지 않는다. 땅의 보물은 사라지지만, 하늘의 보물은 영원하다. 오늘 사랑을 실천하며, 믿음으로 한 걸음 내디뎌라.

영원한 가치의 시작: 하늘 보좌에 드리는 예배

우리는 하늘 본향을 향해 걷는 나그네다. 세상의 바람에 흔들려도, 우리의 걸음은 결국 영원을 향한다. 주님은 말씀하신다. "썩을 양식을 위하여 일하지 말고, 영생하도록 있는 양식을 위하여 하라"요 6:27. 이것은 하늘에 보물을 쌓으라는 부르심이자, 영원한 것을 바라보라는 사랑의 초대다. 그렇다면 어디서부터 시작해야 할까? 예배다. 진실한 예배는 하늘에 보물을 쌓는 가장 깊고도 아름다운 첫걸음이다. 요한계시록 4장을 펼치면, 사도 요한이 본 환상 속 하늘의 예배 장면이 펼쳐진다. 찬란한 보좌 위에 계신 하나님, 금관을 쓴 24장로들이 흰옷을 입고 얼굴을 땅에 대어 경배하며 고백한다. "주께서 만물을 지으셨으니, 영광과 존귀와 권능을 받으시기에 합당하십니다." 밤낮 쉬지 않고 울려 퍼지는 찬양, "거룩하다, 거룩하다, 거룩하다!" 이는 하늘 예배의 본질을 보여 주는 장면이다.

예배는 단지 형식이나 의식이 아니다. 그것은 하나님을 사랑하는 마음의 가장 깊은 표현이며, 우리의 전 존재로 드리는 삶의 고백이다. 주일 공예배뿐 아니라, 삶의 모든 순간이 하나님께 드려지는 예배가 되어야 한다. 예배가 소홀해지면, 그 마음은 곧 세상으로 기울고, 주님의 자리에 다른 무언가가 앉게 된다. 그것이 곧 우상이다. 오늘도 묻는다. 나는 지금 무엇을 향해 달리고 있는가? 그리고 내 마음은 누구 앞에 무릎 꿇고 있는가?

'숨겨 둔 여자'의 경고: 주일 성수, 거룩한 언약의 회복

다른 책에서도 언급했지만, 주일 성수는 그리스도인의 신앙 안에서 하나님과의 언약을 지키는 거룩한 실천이다. 주일을 기억하는 것은 단순한 의례가 아니라, 하나님의 사랑에 응답하며 그분께 온전히 헌신하는 삶의 표현이다. 오래전, 성령의 불로 내 영혼이 새롭게 태어났던 때를 떠올린다. 성령세례 이후 기쁨이 샘솟아 날마다 기도와 말씀에 목말랐지만, 신앙의 눈은 아직 여물지 않은 어린아이 같았다. 예배의 깊은 의미와 주일의 거룩함을 깨닫기 전이었다. 그 무렵, 조카의 대학 졸업식에 동행하기 위해 주일을 앞두고 이타카로 향했다. 주일 새벽, 굳이 정해진 의식을 따르지 않아도, 홀로 믿음으로 기도하고 찬송하며 말씀을 묵상하면 예배가 된다고 생각했다. 그런데 그 새벽, 성령의 부드럽고도 묵직한 음성이 마음에 울렸다.

"너에게 숨겨진 여자가 있구나."

"주님, 숨겨 둔 여자가 있다니요? 있을 수 없는 일입니다."

"너는 주일을 범하고 있지 않느냐?"

그 말씀에 내 마음이 찢어졌다. 주일을 지키지 않는 것이 하나님의 사랑을 배신하는 영적 간음임을 깨달았다. "안식일을 기억하여 거룩하게 지키라"출 20:8는 말씀은 칼보다 예리한 진리였다히 4:12. 그 후 부르심을 따라 예배의 제단을 지키며 주일을 섬기게 되었다. 그날의 나는 미처 알지 못했지만, 이제는 주일을 위해 삶을 정돈하고 예배의 보좌 앞에 서는 것이 얼마나 큰 기쁨인지 안다. 주의 날을 거룩히 지키는 성도는 하나님과의 교제 속에서 충만한 은혜를 누린다. 이 진리를 모든 이와 나누고 싶다.

작은 자에게 한 것이 내게 한 것: 구제, 하늘 창고를 채우는 사랑

예배로 충만한 마음은 삶으로 흘러가고, 하나님을 향한 사랑은 이웃을 향한 실천으로 이어진다. 주님은 "지극히 작은 자에게 한 것이 곧 내게 한 것"이라 말씀하시며, 우리의 작은 손길이 곧 당신을 향한 것임을 알려 주셨다. 세상의 재물은 불의하고 덧없지만, 그것으로 사랑을 나눌 때 영원한 열매를 맺는다. 주님은 이 지혜를 가르쳐 주신다. "너희 소유를 팔아 구제하여 낡아지지 아니하는 배낭을 만들라. 곧 하늘에 둔 바 다함이 없는 보물이니, 거기는 도둑도 가까이하는 일이 없고 좀도 먹는 일이 없느니라"눅 12:33. 우리의 물질이 가난한 이의 눈물을 닦고 한숨을 위로로 바꾸는 그 순간, 그것은 이 땅에서 사라질 재물이 아니라 하늘 보좌 앞에 쌓이는 영원한 보배가 된다. "불의한 재물로 친구를 사귀라"는 말씀처럼, 우리의 나눔은 연약한 이웃을 주님의 사랑으로 품는 일이며, 그들이 하늘 문턱에서 우리를 반겨 줄 영원한 관계를 쌓는 것이다. 오늘도 작은 자를 돌아보며 하늘 창고를 채우는 복 있는 자가 되자.

복음의 일꾼을 섬기는 하늘의 경제학

우리는 때때로 삶에서 가장 귀한 것을 놓친다. 바쁜 일상과 눈에 보이지 않는다는 이유로, 하나님의 사람들을 섬기는 거룩한 부르심을 외면하기 쉽다. 그러나 복음을 위해 삶을 온전히 드린 이들을 섬기는 일은 단순한 도움이 아니다. 그것은 하늘에 보물을 쌓는 지혜요, 보이지 않는 하나님의 나라를 세우는 동역이다. 그들의 필요를 채우는 손길 하나는 곧 주님의 사역에 동참하는 믿음의 열매이다. 사람들 눈에는 작고 소소해 보일지 몰라도, 하나님은 그 섬김을 가장 향기롭고 값진 제물로 받으신다. 그리고 약속하신다. "나의 하나님이 그리스도 예수 안에서 영광 가운데 그 풍성한 대로 너희 모든 쓸 것을 채우시리라"빌 4:19. 그렇다. 우리의 작은 헌신 하나가 하늘의 창고를 여는 복의 열쇠가 될 수 있다. 그렇다면 우리가 섬겨야 할 복음의 일꾼은 누구인가? 그들은 하나님의 부르심을 따라 자신의 모든 것을 드린 사람들이다. 밤낮으로 말씀을 묵상하며 양 떼를 돌보는 일에 진심인 목사와 전도사, 그리고 낯선 땅에서 복음을 전하는 선교사들. 그들은 조용히, 그러나 뜨거운 심장으로 하나님의 길을 걷고 있는 이들이다.

사도 바울을 떠올려 보라. 멀리 떨어진 이방 땅에서 복음을 전하던 그에게, 빌립보 교회는 정성껏 헌금을 보내 섬겼다. 바울은 이를 가리켜 "받으실 만한 향기로운 제물"이라 고백했다.

"에바브로디도 편에 너희가 준 것을 받으므로 내가 풍족하니, 이는 받으실 만한 향기로운 제물이요, 하나님을 기쁘시게 한 것이라"빌 4:18. 이처럼 복음의 일꾼을 섬기는 것은 단순한 물질이 아니다. 그것은 하늘에 드려지는 향기로운 제물이며, 하나님을 기쁘시게 하는 선행이다. 이것이 바로 하늘의 경제학이다. 우리가 하나님의 사람을 섬길 때, 하나님은 우리의 삶을 풍성하게 채우시고, 하늘의 문을 여신다. 이 부르심에 응답하라. 하늘에 보물을 쌓는 삶, 그것이야말로 하나님 앞에서 참으로 복된 길이다.

하나님의 집, 교회를 세우는 헌신의 부르심

이 땅의 많은 기관들 중, 교회는 하나님 나라의 대사관이다. 예배의 성소이며, 기도의 집이다. 그런데 혹시 우리는 내 집을 꾸미는 데는 애쓰면서, 정작 하나님의 집은 외면하고 있지는 않은가? 성경은 우리에게 깊은 경고와 약속을 전한다. "성전이 이렇게 무너져 있는데, 지금 너희만 잘 꾸민 집에 살고 있을 때란 말이냐? 너희는 살아온 지난날을 곰곰이 돌이켜 보아라. 너희는 씨앗을 많이 뿌려도 얼마 거두지 못했으며, 먹어도 배부르지 못하며, 마셔도 만족하지 못하며, 입어도 따뜻하지 못하며, 품꾼이 품삯을 받아도 구멍 난 주머니에 돈을 넣음이 되었다"학개 1:4-6, 표준 새번역. 하나님의 집을 돌보지 않고 자기 집만을 꾸미는 데 몰두하는 자들에게, 하나님은 '구멍 뚫린 전대'를 주신다고 하셨다. 이는 곧 '밑 빠진 독'을 뜻한다. 그런 자가 쌓은 재물은 한순간에 무너질 뿐 아니라, 결국 손에서 줄줄 새어 나가고 만다.

우리는 때로 세상이 주목하지 않는 한 사람의 삶을 통해 가장 순수한 믿음의 본질을 발견하곤 한다. 평생 농부로 살며 이름도 없이 주님을 섬긴 김상호 장로가 바로 그런 분이었다.

최근 그의 삶을 기록한 『깡통을 차고 빌어먹어도 지옥만은 가지 마라』는 책을 통해 그의 삶을 들여다볼 기회가 있었다. 오늘 이 자리에서, 책에 기록된 그의 삶 한 조각을 나누며 과연 우리는 어떤 청지기로 살아가고 있는지 함께 돌아보는 시간을 갖고자 한다.

"예수 믿고 천국 가세요": 김상호 장로,
고난으로 시작된 믿음

한 남자가 있었다. 이름은 김상호. 산골 마을에서 농사를 지으며 술에 기대어 살아가던 시절이었다. 어느 날, 술에 취해 잠든 그의 집에 낯선 이들이 들어왔다. "예수 믿고 천국 가세요." 그는 짜증 섞인 목소리로 내뱉었다. "천국 같은 건 없어요. 헛수고 말고 어서 가시오." 그들은 조용히 물러나며 다시 한 번 말했다. "예수 믿고 천국 가세요…."

이상한 일이 그때부터 시작됐다. 그 짧은 한마디가 밤낮 없이 그의 머릿속을 떠나지 않았다. 무시하려 해도, 떨쳐내려 해도, 그 말은 메아리처럼 가슴을 두드렸다. 괴로움에 못 이겨 이웃에게 하소연하자, 이웃이 말했다. "무당 찾아도 안 돼. 그 전도자들 교회에 가 봐. 기도를 받아 봐."

그는 결국 두 시간이나 되는 길을 걸어 아랫마을 교회를 찾아갔다. 자신의 사정을 털어놓자, 목회자가 말했다. "예수님을 믿고 기도하면 나을 겁니다." 함께 기도한 뒤, 놀랍게도 3일 동안 머릿속을 괴롭히던 그 소리가 흔적도 없이 사라졌다. 그날 이후, 그는 교회에 나가기 시작했다. 그렇게 시작된 믿음의 여정은 결코 평탄하지 않았다.

그의 집안에는 무당이 다섯이나 있었다. 온갖 귀신이 들끓던 환경 속에서 그는 홀로 주님을 따랐다. 눈에 보이지 않는 거센 영적 저항이 몰아쳤다. 욥의 시련이 따로 없었다. 1년 사이, 사랑하는 여섯 자녀가 하나둘 병들어 세상을 떠났다. 마지막 아이를 묻고 오열하다 그 자리에 쓰러졌을 때, 주님은 천사를 보내 그를 천국과 지옥으로 인도하셨다. 그 체험은 한낱 환상이 아니었다. 죽음 앞에서 드러난 주님의 은혜와 부르심, 그리고 살아야 할 이유를 새기게 된 순간이었다.

"내가 너와 함께하겠다": 못 박힌 발걸음

어느 날, 그는 기도 중에 주님의 음성을 들었다. "이곳에 교회를 세우라." 그는 망설이지 않았다. 가진 논을 팔아 교회 건축에 모든 것을 쏟아부었다. 하지만 교회 현관문을 제작할 마땅한 곳이 없어, 무려 백 리나 떨어진 보은의 목공소에 문을 주문하게 되었다. 그 시절엔 운송 수단도 없었다. 그는 스스로 지게를 지고 문짝을 짊어지고 걷기로 결심했다. 백 리를 걸어가 큰 문짝을 짊어지고, 다시 백 리를 걸어오는 길. 그 여정은 상상보다 훨씬 더 고단했다. 그러나 그에게 그 길은 단순한 수고가 아니었다. 그것은 주님께 드리는 사랑의 응답이었다.

무거운 문짝을 지고 백 리 길을 걸어오던 어느 지점, 갑자기 발바닥에 날카로운 통증이 스쳤다. 순간 중심을 잃고 휘청거렸다. 짓궂은 동네 아이들이 엿장수 리어카를 멈추게 하려고 송판에 박아둔 못을 그만 밟은 것이다. 그 무게로 깊숙이 박힌 못은 신발을 뚫고 살을 찔렀다. 고통은 이루 말할 수 없었다. 그 자리에 주저앉아 피 묻은 발을 바라보며 못을 뺄 때, 그 앞에 누군가 서 계셨다. 주님이셨다.

"힘들지?"

김상호는 고개를 들어 대답했다.

"아닙니다."

주님은 다시 부드러운 음성으로 말씀하셨다.

"내가 너와 함께하겠다. 네가 기쁠 때도, 고통스러울 때도, 늘 함께 있으마. 하늘의 상급이 크리라." 그는 눈물이 왈칵 쏟아질 것 같은 마음으로 고개를 숙였다.

"감사합니다, 주님."

그 장면은 단순한 위로가 아니었다. 그 고난의 자리, 피흘리는 발 앞에 주님께서 친히 찾아오신 것이다. 주님을 위한 헌신의 길이라면, 아무리 힘해도 외롭지 않다는 사실을 보여 주는 살아 있는 증거였다. 그는 다시 문짝을 지고 일어섰다. 주님의 위로가 가슴에 박힌 못보다도 더 선명했다. 그 순간, 놀라운 일이 눈앞에 펼쳐졌다. 누군가 앞서 걸어가고 있었다. 등을 보며 지게를 지고 천천히 나아가는 사람… 그분은 바로 주님이셨다.

그는 놀라 물었다.

"주님, 어찌 된 일이십니까?"

주님께서 뒤돌아보시며 대답하셨다.

"내가 너와 함께하겠다고 하지 않았느냐?"

그 순간, 피로 젖은 신발 안의 통증이 사라졌다. 이상하게도 아픔은 느껴지지 않았다. 그는 입술을 떼지 않고 찬송을 부르며, 그분의 발자취를 따라 걷기 시작했다. 별이 사라지고 새벽이 밝아오는 길 위였다. 마음은 가볍고 발걸음은 은혜로 채워졌다. "세상에서도 사랑하는 사람과 함께 걷는 길은 힘들지 않고 즐겁습니다. 하물며 영원한 신랑 되시는 주님과 함께 걷는 길이 얼마나 복되겠습니까? 주님과 함께라면 지옥이라도 두렵지 않습니다." 그의 고백이었다. 그 후, 주님께서 치료의 광선을 보내 주셨다. 피 흘리던 발은 깨끗이 나았다. 그날 이후, 그의 걸음은 더 힘차고 담대해졌다. 그 발로 교회를 섬기고, 하나님의 사람들을 맞이하며, 예배당을 지키는 자로 살아갔다.

주님께 하듯 섬기라: 삶으로 보여 준 사랑의 원칙

김상호 장로는 산골 마을에 교회를 세웠지만, 교역자를 위한 사택을 마련할 여건은 되지 않았다. 그는 주저 없이 자신의 집, 그중에서도 가장 귀한 공간인 사랑방을 내어 주었다. 주님의 종을 모시는 자리이기에 마땅히 그래야 한다고 믿었다. "교회는 세웠지만 사택이 없었기에, 제 집 사랑방에 목사님을 모셨습니다. 아내는 오 년 동안 하루도 빠짐없이 정성껏 식사를 준비했지요." 그는 교역자를 섬기는 법을 배운 적이 없었다. 이 마을의 첫 신자였기에 가르쳐 줄 이도 없었다. 그저 성경을 읽고 기도하는 가운데, 주님께서 마음에 깨우쳐 주신 대로 따랐을 뿐이다.

"시장에 가서 고등어 한 마리를 사면, 목사님 것도 반드시 같이 샀습니다. 옷을 사도, 과일을 사도, 꼭 같은 것으로 두 개를 샀지요. 저는 그분을 주님께서 보내신 분으로 여겼고, 주님께 하듯 그렇게 대한 겁니다. 그건 제 생각이 아니라, 주님께서 마음에 그렇게 주셨기 때문입니다." 그의 말은 과장도, 자랑도 아니었다. 50년의 세월 동안 변치 않는 원칙으로 삶을 살아 낸 사람의 조용한 고백이었다. 세상은 그것을 '섬김'이라 불렀지만, 그는 여전히 '은혜'라 불렀다. 그의 삶은 우리에게 묻는다. 우리의 마음 중심에는 무엇이 자리 잡고 있는가? 머리로 아는 섬김인가, 아니면 주님을 사랑하기에 흘러나오는 나눔인가? 그 차이가 섬김의 크기와 태도를 결정한다. 성품의 문제가 아니라, 중심의 문제다. 김상호 장로에게 섬김은 의무가 아니라 존재의 이유였고, 자랑이 아니라 삶으로 고백하는 은혜였다. 그의 삶 자체가 그 가장 큰 증거다.

"나의 성물을 네 마음대로 쓰느냐?": 준엄한 경고

교회에서 직분을 맡은 이들은 특히 더 스스로를 낮추고

겸손히 섬기는 삶을 살아야 한다는 것을, 김상호 장로의 이야기가 새삼 일깨워 준다. 교회 일을 혼자 다 해내는 듯 나팔을 불며 떠들고 다니는 이는, 입으로 자신의 상급을 다 탕진하는 불쌍한 사람일 뿐이다. 주님께서 "오른손이 하는 일을 왼손이 모르게 하라"고 하신 말씀처럼, 남모르게 조용히 봉사할 때 하늘에 보물이 쌓인다. 김 장로의 간증에는 이런 이야기도 나온다. 어느 날 큰비로 집 지붕이 내려앉자, 그는 교회 건축에 쓰고 남은 기둥 하나를 가져와 집지붕을 받쳤다. 그런데 그 후 3일 동안 몸이 아파 꼼짝없이 누워 지내야 했다. 치료해 달라며 하나님께 간절히 기도했을 때, 주님께서 응답하셨다. "어찌하여 너는 나의 성물을 네 마음대로 네 집에 사용하느냐?" 엄중한 책망이었다. 그는 그제야 깨달았다. 비록 자신의 돈으로 산 것이라 해도, 일단 교회에 바쳤다면 그것은 주님의 성물이 된다는 것을. 그는 회개의 표시로 소 한 마리를 주님께 드렸다.

우리가 예배 때 드리는 십일조와 헌금은 물론, 교회의 크고 작은 모든 비품과 물건 역시 하나님의 거룩한 소유다. 그런데 혹여 집에서 쓰다 남은 낡은 물건을 '헌물'이라는 이름으로 교회에 가져다 놓거나, 반대로 교회의 물건을 마치 제 것인 양 무심히 집으로 가져가는 경우가 있다면, 이는 심각한 문제다. 그것은 하나님의 것을 가볍게 여기는 것이요, 더 나아가 그분을 모독하는 행위가 될 수 있음을 명심해야 한다. 하나님의 것을 구별하여 드리고, 그분의 소유를 존중하는 것은 믿음의 기본이다. 교회에 속한 모든 것은 하나님께 봉헌된 것이므로, 개인의 소유처럼 함부로 다루거나 사사로이 사용해서는 안 된다. 이는 하나님을 경외하는 마음의 표현이자, 그분의 주권을 인정하는 거룩한 태도다.

믿음으로 짓는 하늘 집: 영원을 준비하는 오늘의 헌신

김상호 장로의 간증 중에는, 주님의 은혜로 하늘의 집을 본 장면이 인상 깊게 다가온다. 그는 기도 중 천사를 통해 하늘에 있는 자신의 집을 본 것을 평생 잊지 못한다고 고백했다. 그런데 그가 마주한 집은 기대와 전혀 달랐다. 화려한 천국의 집을 상상했건만, 눈앞에 보인 것은 기둥 네 개만 세워진, 짓다 만 듯한 허전한 집이었다. 그가 당황하며 "이 집이 정말 내 것입니까? 도대체 어떻게 완성된다는 것입니까?"라고 묻자, 천사의 음성이 들렸다.

"이 땅에서 전도하고, 봉사하고, 구제하고, 선교하고, 예배하고, 헌신하며 흘린 모든 수고가 하늘로 올라와 집을 짓는 재료가 되는 것이다."

그 순간 그는 깊이 깨달았다고 한다. 하늘의 집은 우리가 이 땅에서 흘린 믿음의 땀과 눈물로 지어진다. 매일 주님께 드리는 작은 정성, 사랑으로 내민 손길, 기도에 담긴 간구가 하나둘 쌓여 영원한 거처를 만든다. 이것은 단지 한 사람의 꿈이나 막연한 소망이 아니었다. 김상호 장로의 삶 전체가 이 진실을 증언하고 있었다.

주님은 분명히 말씀하셨다. "너희를 위하여 보물을 하늘에 쌓아 두라" 마 6:20.

오늘 우리가 주님 앞에서 흘리는 눈물 한 방울, 순종하기 위해 힘겹게 내딛는 한 걸음, 그리고 작아 보이지만 진심이 담긴 사랑의 실천은 결코 땅에 떨어져 사라지지 않는다. 그 모든 것이 하늘 창고에 차곡차곡 쌓여, 우리가 영원히 거할 집을 튼튼하게 짓는 재료가 된다.

썩어 없어질 것을 좇는 인생이 아니라, 믿음으로 하늘의 집을 짓는 지혜로운 건축자로 살자. 언젠가 주님 앞에 서는 그날, 우리가 정성껏 지은 그 집이 우리를 맞이해 줄 것이다.

제2장
진짜 예배는 삶을 어떻게 바꾸는가?
요 4:21-24

생활이 예배, 예배가 생활: 영과 진리로 드리는 삶

하나님의 은혜는 믿음을 통해 하늘에 보물을 쌓게 하신다. 그리고 그 은혜는 우리의 삶을 예배의 자리로 바꾸어, 모든 순간을 하나님께 드리는 거룩한 헌신으로 채운다. 하늘에 보물을 쌓는 일에 힘쓰는 성도에게는 생활이 곧 예배요, 예배가 곧 생활이 된다. 어디에 있든지, 무엇을 하든지 주님께서 항상 함께하시기 때문이다. 이것이 바로 요한복음 4장에서 예수님께서 말씀하신 '영과 진리로 드리는 예배'의 본질이다. 이는 단순한 종교적 의식이나 정해진 장소에 얽매이는 행위가 아니다. 오히려, 은혜로 받은 믿음을 통해 우리 존재 전체로 하나님의 영광을 드러내고, 그분과 깊이 교제하는 살아 있는 생명의 통로다.

누구 앞에 엎드리는가: 예배, 운명을 가르는 선택

예배는 주일 아침, 한 시간의 의식이 아니라 하루하루 하나님과 동행하는 삶의 자세다. 예수님은 사마리아 여인과의 대화에서 말씀하셨다. "아버지께 참되게 예배하는 자들은 영과 진리로 예배할 때가 오나니 곧 이때라." 이것은 장소나 형식이 아니라, 마음의 중심이 하나님께 향한 삶 전체가 예배가 되어야 한다는 말씀이다. 아벨과 카인, 모세와 아론, 그리고 엘리야와 바알 선지자의 이야기는 우리가 드리는 예배가 단순한 종교 행위가 아니라, 하나님께 향한 마음의 태도에 따라 운명을 갈라놓을 수 있는 결정적 분기점이 될 수 있음을 보여 준다. 겉모양은 비슷해 보여도, 하나님은 중심을 보신다. 받으시는 예배와 거절하시는 예배는 언제나 분명히 갈린다.

참된 예배는 '하나님을 영화롭게' 하는 것이다. 내가 감동 받고 눈물 흘리는 것에 그치지 않고, 그 예배가 내 삶을 바꾸고, 그 바뀐 삶이 다시 예배가 되는 거룩한 순환이 일어나야 한다. 공예배의 감동이 삶의 열매로 이어지고, 생활 속 순종이 다시 주일 예배를 깊이 있게 만든다. 예배는 끊어진

단편이 아니라, 이어진 이야기다. 그러나 많은 신자들이 예배를 '일정한 시간과 장소에서 드리는 의식'으로만 이해한다. 성전 마당을 밟았지만 마음은 하나님에게서 멀어진 이스라엘 백성처럼, 예배의 감격은 있지만 삶의 변화는 없는 경우가 많다. 하나님은 그런 예배를 기뻐하지 않으셨고, 지금도 기뻐하지 않으신다. 예배는 말씀이 삶이 되고, 삶이 다시 하나님께 드려질 때에야 비로소 완성된다.

형식과 계산을 넘어선 예배

우리는 종종 바쁘다는 이유로 하나님을 뒷전으로 미룬다. 평일엔 말씀에 순종하지 않다가, 주일만 되면 교회로 발걸음을 옮기며 스스로 위로한다. '그래도 나는 예배드리러 왔으니 복을 주시겠지.' 헌신한 시간만큼 보상을 기대하며 예배를 드리는 태도—하나님은 그것을 기뻐하시지 않는다. 이스라엘 백성이 그랬다. 평소에는 불의와 불법을 일삼다가도, 절기가 되면 기름진 제물을 드리며 말로는 하나님을 사랑한다고 고백했다. 그러나 하나님은 말씀하셨다. "너희가 내 앞에 보이러 오니, 이것을 누가 너희에게 요구하였느냐? 내 마당만 밟을 뿐이니라"사 1:12. 발은 성전에 있었지만, 마음은 하나님에게서 멀어져 있었다.

예배는 삶의 변화로 증명되어야 한다. 예배는 거래가 아니다. 말씀 앞에 마음을 드리고, 삶의 자리에서 주님의 음성에 응답하는 전심의 태도가 참된 예배다. 주님을 사랑하지도, 두려워하지도 않는 마음으로 습관처럼 교회에 온다면, 그 예배는 공허한 의식에 머물고 만다. 그러나 하나님을 진심으로 사랑하고 경외하는 자가 영과 진리로 드리는 예배에는 성령의 기름 부음이 임한다. 하나님의 임재 안에서 영혼은 회복되고, 삶은 새로워진다.

오직 하나님께만: 참된 예배, 우상 숭배를 경계하라

예배는 하나님께 드리는 신자의 가장 거룩한 행위다. 요한복음 4장 23-24절에서 예수님은 "아버지께서 자기에게 이렇게 예배하는 자들을 찾으시니라" 하시며, 참된 예배는 "영과 진리"로 드려져야 한다고 말씀하셨다. 그러나 오늘날 교회 안에 세상 풍속과 이방 문화가 스며들어, 예배의 본질이 흐려지고 있다. 예배의 대상은 오직 삼위일체 하나님

뿐이다. 그 외 어떤 것도 예배의 중심이 될 수 없다. 그러나 어느 순간부터 하나님의 교회에 이방의 제사 문화가 스며들어 '예배'라는 거룩한 이름 아래 우상 숭배가 자행되고 있다. 입관예배, 천국환송예배, 발인예배, 하관예배, 추모예배 등의 명칭이 아무런 분별 없이 사용되며, 많은 이들이 무심코 우상 숭배의 늪에 빠져들고 있다. 예배의 초점은 오직 하나님께 맞춰져야 한다. 그러나 죽은 자가 예배의 중심에 선다면, 그것은 하나님을 모독하는 행위가 아니겠는가. 오늘날 화려한 관과 줄지어 헌화하는 장면은 세상의 풍속이 교회 안으로 침투한 결과다. 영적으로 무지한 이들이 이를 용납하며 제사 문화를 예배로 포장했지만, 이는 이방인의 미신적 제사 행위와 다를 바 없다.

"이것은 영적 음행이다": 죽은 자를 위한 의식

참된 예배는 하나님께 초점을 맞추고, 그분의 영광만을 높이는 것이다. 교회가 세상의 관습을 따라가거나, 죽은 자를 위한 의식을 예배로 변질시켜서는 안 된다. 죽은 자에게 헌화하며, 고개를 숙이는 행위는 경의를 표하는 것처럼 보일 수 있으나, 성경은 이를 엄중히 경고한다. "너는 나 외에 다른 신들을 네게 두지 말라"출 20:3-5. 영혼이 떠난 육신은 흙에 불과하며창 3:19, 그 흙에 꽃을 바치는 행위는 하나님 아닌 다른 존재를 섬기는 죄악이다. 바울은 말한다. "무릇 이방인이 제사하는 것은 귀신에게 하는 것이요, 하나님께 제사하는 것이 아니니, 나는 너희가 귀신과 교제하는 자가 되기를 원하지 아니하노라"고전 10:20. 헌화와 같은 의식은 겉으로는 죽은 자를 기리는 듯하나, 제물을 받는 것은 악한 귀신들이다. 이 모든 것은 사탄이 하나님께 드려야 할 경배를 가로채려는 함정이다.

기독교 초창기에는 입관식, 발인식, 하관식과 같은 의식이 존재하지 않았다. 이러한 의식은 유교에서 비롯된 풍속을 '예배'라는 이름으로 덧씌운 세속적 관습일 뿐이다. 교회당 강단 앞, 성찬상 위에 관을 올려놓고 '천국환송예배'를 드리는 모습을 보며 마음 깊이 불편함을 느낀 적이 있다. 하나님께 예배드리는 구별된 장소, 특히 거룩한 주님의 살과 피를 상징하는 떡과 잔을 올려놓는 성찬상에 시체를 올려놓고 의식을 행하는 것이 과연 합당한지를 놓고 한동안 기도한 적이 있었다. 그때 성령께서 주신 말씀이 지금도 생생하다. "그것은 영적 음행이다." 이제 깨어날 때다. 우리의 예배는 누구를 향하고 있는가? 오직 하나님만을 바라보고 있는가, 아니면 귀신이 기뻐할 제사의 형태로 흘러가고 있는가? 진리를 굳게 붙잡자. 그리고 하나님께 드리는 참된 예배자로 바로 서자. 예배는 하나님께 드리는 가장 거룩한 사랑의 고백이다. 그 거룩한 자리에는 오직 하나님 한 분만 계셔야 한다.

공예배와 생활예배의 온전한 연합

뜨거운 찬양에 눈물이 흐르고, 기도와 말씀에 가슴이 벅차오른다. 그러나 교회 문을 나서는 순간, 그 은혜는 얼마나 오래 지속되는가? 세상의 논리와 성공 방식 앞에서, 주일의 거룩한 다짐은 얼마나 쉽게 무너져 내리는가? 참된 예배는 '주일의 공예배'와 '삶의 생활예배'라는 두 날개로 날아오른다. 한쪽 날개만으로는 결코 하늘에 닿을 수 없다. 삶이 빠진 예배는 뿌리 없이 피어난 조화造花와 같다. 모양은 그럴듯하지만 생명도 향기도 없다. 반대로, 주일의 은혜 없이 살아가는 삶은 광야에 홀로 서 있는 앙상한 나무와 같다.

히브리서 기자는 하나님께서 기뻐하시는 '삶의 제사'가

무엇인지 똑똑히 보여 준다.

"결혼을 귀히 여기고… 돈을 사랑하지 말고… 예수로 말미암아 항상 찬송의 제사를 드리자… 오직 선을 행함과 서로 나누어 주기를 잊지 말라. 하나님은 이 같은 제사를 기뻐하시느니라"히 13장 요약. 이것은 거창한 종교의식이 아니다. 정결한 관계, 자족하는 마음, 감사의 입술, 그리고 이웃을 향해 뻗는 따뜻한 손길이다. 하나님은 우리의 입술의 고백이 삶의 현장에서 살아 움직이는 '순종의 열매'로 나타나기를 원하신다.

당신의 예배는 차가운 교회 건물 안에 갇혀 있는가, 아니면 세상의 골목골목을 누비며 살아 숨 쉬고 있는가? 주일 강단에서 받은 말씀이 당신의 책상 위에서, 공장의 기계 앞에서, 고객을 만나는 그 자리에서 살아 움직이게 하라. 뿌리공예배가 깊을수록 열매생활예배는 풍성해지고, 열매가 실할수록 뿌리는 더욱 견고해진다.

하나님은 지금도, 그런 진짜 예배자, 살아 있는 예배를 드리는 자를 찾고 계신다.

제3장
눈에 보이지 않지만, 이 땅에 존재하는 하나님 나라

행 6: 1-7

말씀과 성령으로 세워 가는 하나님 나라, 교회 공동체

하나님의 은혜는 우리의 삶을 예배로 바꾸고, 그 예배는 곧 하나님께 드리는 거룩한 헌신으로 이어진다. 그러나 이 은혜는 결코 개인의 경건에 머물지 않는다. 하나님은 우리를 하나님의 가족, 곧 교회라는 공동체 안으로 부르신다. 교회는 단순한 모임이 아니라, 그리스도의 몸이며 하나님의 자녀들이 함께 자라고 섬기는 영적 가정이다. 교회는 하나님의 자녀를 낳고, 먹이고, 길러 주는 영혼의 집이다. 이곳에서 우리는 말씀의 양식을 받아 믿음이 자라고, 성령의 능력으로 회복을 경험한다. 교회는 하나님의 사랑이 흐르는 공간이며, 은혜를 나누고 사명을 함께 이루어가는 거룩한 공동체다. 초대교회도 그렇게 시작되었다. 오순절 성령강림 이후, 하나님의 말씀이 선포되고, 성령의 감동 아래 믿는 자들이 하나로 모였다. 그들은 음식을 나누며 교제하고, 기도에 힘쓰며 공동체를 이루었다. 그 안에는 기쁨도 있었고, 때로는 소외와 갈등도 있었지만, 사랑과 지혜로 그것을 품어 냈다. 이 모습은 오늘 우리에게 묻는다. 교회란 무엇인가? 우리는 그 안에서 어떤 모습으로 살아가고 있는가?

말씀과 기도, 교회의 심장: 사도들의 본질적 사명

사도들의 본래 사명은 '주님의 말씀을 선포하고 가르치는 일과, 성도들을 위해 기도하는 일'이 그 핵심이었다. 물론 교회의 감독자로서 교회 안의 모든 일을 관리하고 살피는 책임도 있지만, 영혼을 살리는 신령한 사역이 언제나 우선이었다. 그러나 교인의 수가 급증하면서 사도들은 교회 조직을 관리하고, 구제하며, 접대하는 일에 시간을 빼앗기게 되었고, 본연의 사명에 집중할 수 없게 되었다. 이를 해결하기 위해 회의를 열었고, 깊은 고민 끝에 결론을 내렸다. 사도들이 말씀 사역과 기도에 전념하기 위해 물질적 섬김과 봉사는 별도의 직분자들에게 맡기기로 한 것이다. 그렇게 하여 '집사' 직분이 생겨났다. '디아코노스', 즉 '섬기는 자'라는 뜻을 가진 이들은 교회의 필요를 채우며, 사도들의 사역을 도왔다. 집사들의 헌신 덕분에 사도들은 다시 말씀과 기도에 온전히 몰두할 수 있었다.

교회 안에는 중요한 일들이 많다. 가난한 이들을 구제하고 돌보는 일은 소중하다. 하지만 말씀 설교보다 앞서지 않는다. 교인들의 결혼과 장례를 집례하며 축복하고 위로하는 것도 의미 있다. 그러나 말씀 설교보다 우선될 수는 없다. 하나님께 드린 십일조와 헌금으로 교회를 유지하고 좋은 예배 처소를 마련하는 일도 귀하다. 그러나 말씀 설교를 넘어설 수 없다. 교인들의 연합과 결속을 위한 모임과 행사도 필요하다. 그러나 역시 말씀과 기도보다 앞설 수는 없다. 교회의 우선순위는 변함없다. 말씀과 기도가 중심이 되어야 한다. 섬김과 구제, 행사와 관리 모두 소중하지만, 그것들이 말씀 선포를 가리면 본말이 전도된다. 오늘의 교회도 이 우선순위를 잊어선 안 된다. 말씀으로 영혼이 살아나고, 기도로 공동체가 세워진다. 당신의 교회는 무엇을 우선순위에 두고 있는가? 하나님의 뜻이 말씀을 통해 분명히 선포되는가? 그 우선순위야말로 교회의 생명선이라 할 수 있다.

말씀 선포: 생명을 살리는 교회의 최우선 과제

예수님께서 이 땅에 계실 때, 어디를 가시든 가장 먼저 하신 일이 있다. 바로 말씀을 가르치시는 일이다. 병든 자를 고치시고, 외로운 자를 품으셨지만, 그 모든 사역의 시작은 늘 하나님의 말씀이었다. 사도들도 그 길을 따랐다. 감옥에 갇히고, 핍박을 받아도 그들은 침묵하지 않았다. "우리는 보고 들은 것을 말하지 않을 수 없다"고 담대히 외쳤다. 바울이 고린도에서 디도 유스도의 집에 머물며 기도하던 어느 날, 주님께서 분명히 말씀하셨다. "두려워하지 말며, 침묵하지 말고 말하라… 이 성 중에 내 백성이 많음이라" 행 18:9-10. "침묵하지 말고 말하라"—이것은 단순한 격려가 아니라, 말씀 선포를 멈추지 말라는 명령이었다. 왜 말씀 선포가 이토록 중요한가? 그 이유는 분명하다. 오직 하나님의 말씀만이 진리를 밝히기 때문이다. 말씀은 우리가 죄인임을 깨닫게 하고, 지옥에서 벗어나 천국으로 가는 길을 열어 준다. 고통의 뿌리를 드러내고, 참된 생명과 복된 삶의 길을 가르쳐 준다. 그리고 죽음 이후의 심판을 경고한다. 복지와 봉사도 중요하다. 그러나 말씀이 없는 선행은 결국 방향을 잃는다.

예수님과 사도들은 삶으로 이 사실을 증명하셨다. 설교는 교회의 심장이다. 말씀이 살아서 선포될 때, 성령이 역사하시고, 영혼은 다시 살아난다. 오늘날의 교회도 이 우선순위를 잊어선 안 된다. 복음의 불꽃은 설교단에서 타올라야 한다. 그 불꽃이 꺼지면, 교회의 생명도 서서히 식어 버릴 것이다.

영원의 갈림길: 무엇이 가장 시급한가?

인간은 누구나 죽음을 맞는다. 남녀노소, 빈부귀천을 막론하고 예외는 없다. 결국 모두가 종말의 시간 앞에 서게 된다. 그 순간, 육체를 벗은 영혼은 낙원 천국 아니면 음부 지옥으로 들어가 영원히 살게 된다. 이 영원한 갈림길은 살아 있을 때 결정된다. 예수님을 믿어 구원받았느냐, 받지 못했느냐에 따라 천국과 지옥이 나뉜다. 그러니 인생에서 가장 시급하고 중요한 일은 돈을 버는 것도, 순간의 쾌락을 좇는 것도 아니다. 바로 예수님을 믿고 구원받는 일이다. 우리는 수많은 관계 속에서 살아가지만, 가장 중요한 관계는 하나님과의 관계다. 복과 저주가 이 관계에서 결정되기 때문이다. 인간은 태어날 때부터 죄로 인해 하나님과의 관계가 깨어져 있다. 이를 해결하기 위해 하나님의 아들 예수님이 오셨다. 십자가에서 자신의 목숨을 속죄제물과 화목제물로 드리시어 죄의 장벽을 허무셨다. 예수님을 구주로 믿는 자는 하나님과 화해하며, 원수에서 자녀로 관계가 회복된다. 이 놀라운 진리가 복음의 핵심이다. 이 진리를 전하고 가르치는 것이 설교다. 목사들은 예배 때마다 말씀을 선포하며 이 사명을 감당한다. 설교는 죄인을 의인으로 바꾸고, 지옥으로 향하던 자를 천국으로 이끄는, 마귀의 종을 하나님의 자녀로 만드는 은혜의 도구다. 세상 일이 아무리 바빠도, 아무리 급해도, 생명의 말씀을 듣는 것보다 앞설 수 없다. 그렇다면 지금, 당신의 우선순위는 무엇인가? 세상의 소리에 마음을 빼앗기고 있는가, 아니면 말씀 앞에 생명을 거는가? 설교를 통해 하나님과의 관계를 회복하고, 구원의 길을 걷는 것—이것이야말로 인생의 본질이다. 말씀 안에 생명이 있다. 예배 속 설교를 결코 가볍게 여기지 말라. 그 설교를 통해 하나님께서 지금도 당신을 부르고 계신다.

강단의 능력은 기도의 불에서

목사들이 설교와 함께 전념해야 할 또 하나의 사명은 기도다. 많은 이들이 기도를 단지 자신의 필요를 하나님께 아뢰는 수단으로 여긴다. 하지만 목양 기도는 그 이상이다. 직분을 감당하기 위한 기름 부으심, 즉 하늘의 능력을 구하는 간구다. 설교자는 하나님과 사람 사이에서 말씀과 기도로 섬기는 하나님의 대리인이다. 영혼에 새 생명을 불어넣고 천국과 지옥을 가르는 사역은 오직 하늘의 능력으로만 감당할 수 있다.

설교자가 강단에 서는 그 순간의 무게를 생각해 보라. 사도 바울조차도 "내가 너희 가운데 거할 때에 약하고 두려워하고 심히 떨었노라"고전 2:3고 고백했다. 하나님의 말씀을 전하는 일은 그만큼 거룩하고 두려운 사명이다. 설교자는 사람의 말재주로 설득하는 이가 아니다. 하나님의 권능을 입고 말씀을 전하는 자다. 그러므로 기도는 필수다. 기도를 통해 하늘의 능력을 입고, 그 힘으로 강단에 서야 한다. 그러나 부르심이 없어 이 능력을 받지 못한 목사를 만나는 것은 공동체에 큰 재앙이다. 뿐만 아니라, 목사는 예배에 모인 하나님의 자녀들을 위해 기도해야 한다. 그들에게 하늘의 은혜가 임하도록, 말씀을 통해 생명이 깃들도록 중보해야 한다. 기도는 설교의 뿌리다. 기도 없는 설교는 메아리 없는 외침에 불과하다. 목사가 기도에 힘쓸 때, 성령이 역사하시고 회중이 은혜를 받는다. 설교의 능력은 기도에서 나온다. 하나님의 자녀들을 품고 기도할 때, 강단에서 선포되는 말씀은 생명의 도구가 된다. 기도의 자리에 하늘이 열리고, 능력이 임한다. 교회는 말씀과 기도로 세워진다. 그리고 그 시작은, 설교자의 무릎에서 비롯된다.

성령과 지혜, 그리고 칭찬: 강단을 살리는 집사의 자격

교회의 심장은 하나님의 말씀과 기도다. 이 두 가지가 살아 있어야 공동체도 숨 쉴 수 있다. 한 주일은 7일, 168시간, 10,080분이다. 그 긴 시간 동안 주일 설교 30-40분만으로 어떻게 믿음과 성령으로 충만할 수 있을까? '주일 크리스천' 중에 참된 믿음의 열매를 맺는 이가 드문 이유가 여기에 있다. 우리를 변화시키는 건 오직 하나님의 말씀과 성령의 역사뿐이다. 이 귀한 사역에 목회자들이 온전히 집중할 수 있도록, 교회의 재정 관리, 건물 유지, 친교 준비 같은 일들은 집사라는 직분자들에게 나누어 맡겨졌다. 사도행전 6장 3-4절은 집사의 자격과 조건을 명확히 밝힌다. "너희 가운데서 성령과 지혜가 충만하여 칭찬받는 사람 일곱을 택하라. 우리가 이 일을 그들에게 맡기고, 우리는 오로지 기도하는 일과 말씀 사역에 힘쓰리라." 집사가 되기 위해서는 두 가지 기본 조건이 필요하다. 첫째, '성령과 지혜가 충만한 사람'이다. 성령이 충만한 자들에게는 지혜도 함께 임한다. 둘째, '교인들에게 칭찬받는 사람'이다. 공동체 안에서 신뢰와 존경을 받는 평판이 있어야 한다. 권사나 장로의 자격 역시 이와 본질적으로 다르지 않다.

정중함과 진실함: 집사, 말과 행실로 세우는 신뢰

집사의 자격은 단순히 나이나 경력으로 결정되지 않는다. 디모데전서 3장 8-9절은 집사의 내면과 삶의 태도를 명확히 제시한다. "이와 같이 집사들도 정중하고, 일구이언하지 아니하고, 술에 인박이지 아니하고, 더러운 이를 탐하지 아니하고, 깨끗한 양심에 믿음의 비밀을 가진 자라야 할지니." 즉, 집사는 말과 행동에 무게가 있고 진실하며, 술과 돈의 유혹에서 자유롭고, 오직 예수의 보혈로 정결케 된 양심과 믿음으로 행하는 사람이어야 한다. 이러한 내적 자격은 공동체의 신뢰를 세우고 목회자가 말씀 사역에 전념하도록 돕는 가장 중요한 기반이 된다.

고난 속에 빛나는 충성: 누가, 끝까지 함께한 동역의 모범

성령이 내주하시면, 집사는 하나님이 기뻐하시는 일에 자원하여 헌신하며, 받은 사명에 최선을 다한다. 사도 바울의 이방 선교 여정 가운데 이런 모범을 보인 동역자들이 많았고, 그중에서도 누가가 특별히 눈에 띈다. 누가는 바울의 주치의로서 건강을 돌볼 뿐 아니라, 든든한 조력자이자 신뢰받는 동역자였다. 바울이 감옥에 갇혔을 때 "누가만 나와 함께 있느니라"딤후 4:11라는 기록처럼, 모두가 떠난 순간에도 누가는 곁을 지켰다. 바울이 죄수의 신분으로 로마로 호송될 때도, 누가는 그의 곁을 지켰다.

사람의 진가는 환난 속에서 드러난다. 형편이 좋을 때는 많은 이가 곁에 머물지만, 고난의 때 끝까지 함께하는 자가 진정한 동역자다. 로마로 호송되는 죄수는 법적으로 노예 두 명을 동반할 수 있었다. 누가는 바울을 섬기기 위해 스스로 노예 신분을 택한 것으로 보인다. 사랑하는 동역자를 생사조차 알 수 없는 먼 길에 홀로 보내느니, 차라리 스스로 노예가 되어 끝까지 함께하겠다는 각오였다. 기도하고 가르치며 사랑했던 이들이, 주 안에서조차 한순간 등을 돌리는 모습을 숱하게 보아 왔다. 그래서일까, 누가의 충성은 더욱 귀하게 다가온다. 천국에 가면 꼭 만나 보고 싶은 사람 중 하나다.

누가는 뛰어난 지식인으로 사도행전을 기록했고, 유능한 의사였지만, 무엇보다 주님께 받은 사명에 목숨을 걸었다. 그는 "성령과 지혜가 충만하여 칭찬받는 사람"행 6:3, "책망할 것이 없는 사람"딤전 3:10이라는 집사의 자격을 몸소 보여 주었다. 섬김으로 바울의 사역을 받쳤고, 고난 속에서도 흔들리지 않았다. 집사는 단순한 직분자가 아니다. 성령으로 충만하여 교회를 세우고, 강단을 살리는 자다. 누가처럼 충성된 섬김으로 하나님의 일을 감당하는가? 당신의 섬김은 어떤 열매를 맺는가? 집사의 자리는 그런 헌신으로 채워져야 한다.

집사는 감투가 아닌 사명

교회의 3대 사역은 '케리그마'말씀 선포, '디아코니아'봉사, '코이노니아'교제로 정리할 수 있다. 목회자는 말씀을 맡은 '케리그마'의 사명을 중심으로 하나님의 양 떼를 먹이는 성직자다. 반면, 집사와 권사, 장로는 목회자가 말씀과 기도에 전념할 수 있도록 봉사와 교제의 영역에서 협력하는 동역자다. 그런데 오늘날 일부 교회에서는 직분을 마치 승진이나 계급처럼 여긴다. 일정 기간 교회에 출석했다는 이유로 집사, 장로가 되는 것을 당연히 여기고, 직분을 받지 못하면 섭섭해하거나 교회를 떠나는 모습도 보인다. 이는 교회 직분의 본질을 크게 오해한 것이다. 직분은 명예가 아니라 하나님께서 주신 섬김의 부르심이다. 기꺼이 섬길 마음이 없다면, 직분을 맡기보다 정중히 사양하는 것이 교회를 위한 길일 수 있다.

이름뿐인 직분을 넘어: 서리집사, 안수집사, 권사의 참된 역할

'집사'는 헬라어로 '디아코노스', 곧 섬기는 자다. 말씀 사역을 돕고, 교회의 필요를 채우며 공동체를 세워 가는 역할이다. 권사와 장로도 마찬가지로 봉사의 자리에서 교회를 섬겨야 한다. 그러나 섬김의 자세 없이 직분만을 탐하면, 결국 교회의 짐이 되고 만다.

오늘날 많은 교회에서는 직분자를 전 교인 투표로 선출하며, 그 전단계로 '서리집사'라는 임시 직분을 운영한다. 서리집사는 통상 1년 임기로 임명되며, 봉사와 훈련을 통해 자질을 갖추는 과정이다. 교회를 떠나면 직분도 자동 해제되며, 더 이상 집사로 호칭하지 않는 것이 원칙이다. 집사는 단순한 호칭이 아니라, 삶으로 드러나는 사명자의 자리이기 때문이다.

"하나님이 주신 직분": 지미 카터, 섬김으로 드린 평생의 헌신

안수집사는 큰 과오로 면직되지 않는 한 정년 70세까지 직분을 유지한다. 또한 장로로 세워져 교회의 행정과 치리를 맡을 수도 있다. 교단에 따라 여자 서리집사 중 공로와 덕이 뛰어난 이는 '권사'로 세워지며, 권사는 교인들을 위로하고 돌보며 주의 종을 도와 심방하는 동역자로 섬긴다. 직분은 섬김의 자리이지, 세상의 명예나 지위의 상징이 아니다. 마태복음 25장의 비유를 떠올려 보라. 한 달란트를 땅에 묻어 아무 일도 하지 않은 종은, 주인에게 그대로 돌려주며 책망과 심판을 받았다. 이름뿐인 직분은 축복이 아니라 해가 된다. 서리집사든, 안수집사든, 권사든, 장로든 받은 사명에 충실해야 한다. 섬김 없는 직분은 하나님 앞에서 무의미하며, 오히려 책망의 대상이 될 수 있다. 당신의 직분은 어떤가? 땅에 묻힌 달란트인가, 아니면 열매 맺는 도구인가? 섬김으로 하나님 나라를 세워 가는 자, 그 사람이 참된 직분자다.

교회의 지도자는 세상에서 유일하게 하나님의 이름으로 세워지는 거룩한 직분이다. 이 직분은 명예나 권력이 아니라, 오직 섬김과 봉사의 거룩한 부르심임을 잊어서는 안 된다. 미국의 지미 카터James E. Carter Jr. 1924-2024 전 대통령의 이야기는 그 사명을 잘 보여 준다. 1979년 한국을 방문했을 때 여의도 침례교회 주일 예배에 참석한 그는 "미국 남침례교회 카터 집사"로 소개되었다. 카터는 "대통령직은 국민이 세운 것이지만, 집사 직분은 하나님이 주신 것이기에 더 귀하게 여긴다"고 고백했다. 이는 집사가 단순 직책이 아닌 하나님의 부르심임을 드러낸다. 퇴임 후에도 그는 50년 넘게 주일학교 집사로, 해비타트 봉사로 섬겼다. 그의 삶은 예배에 머무르지 않고, 섬김으로 열매 맺는 '살아 있는 신앙'을 증거했다. 집사는 섬기는 자다. 우리도 카터처럼 하나님의 부름에 응답하며 살아가자.

말씀과 섬김으로 세워지는 교회

교회의 가장 큰 사명은 하나님의 말씀으로 생명을 살리는 일이다. 목사는 이 신령한 사명을 위해 세움받은 자로서, 말씀 선포와 기도에 전념해야 한다. 집사, 권사, 장로는 이 사역이 온전히 이루어지도록 섬김의 직분으로 함께 감당한다. 직분은 단순한 호칭이 아니라, 하나님의 이름으로 위탁된 사명이다. 그러므로 끝까지 충성하는 것이 마땅하다. 카터처럼 직분의 무게를 깊이 깨달은 자는, 주님께서 맡기신 자리를 묵묵히 지킨다. 아직 직분을 받지 않은 이들도 이 영광스러운 부르심을 사모해야 한다. 섬김의 마음으로 자신을 준비하고, 때가 되면 충성된 직분자로 서야 한다. 교회는 말씀과 섬김으로 세워지는 공동체다. 명예를 좇는 자가 아니라, 섬김을 선택한 자를 통해 교회는 살아난다. 하나님은 충성된 자를 통해 교회를 살리신다. 그분은 지금도 누군가를 부르고 계신다. 그 부르심에 응답하는가, 외면하는가.

그 부르심은 은혜요, 그 응답은 헌신이다. 그리고 그 은혜는, 우리가 무엇을 하기도 전에 하나님께서 이미 주신, 값없이 주어진 가장 값진 선물에서 시작되었다.

제4장
값없이 주어진, 가장 값진 선물
롬 3:21-24

값없이 주신 구원의 은혜, 그 누구도 대신할 수 없는 사랑

하나님의 은혜는 단순한 위로나 격려가 아니다. 죄로 인해 영원히 멸망할 수밖에 없던 우리를 건져 내신, 가장 근본적인 생명의 선물이다. 성경은 선명하게 말한다. "모든 사람이 죄를 범하였으매 하나님의 영광에 이르지 못하더니"롬 3:23. 인간은 하나님을 떠났고, 그로 인해 죄와 사망의 권세 아래 놓이게 되었다.

그러나 하나님은 우리를 포기하지 않으셨다. 자신의 독생자 예수 그리스도를 이 땅에 보내어, 우리를 대신해 죽게 하셨다. 단 한 번의 완전한 희생으로 우리를 의롭다 하신 이 은혜는 값없이 주어진 가장 값진 선물이다. 우리가 무엇을 했기 때문이 아니라, 오직 하나님의 사랑 때문에 주어진 구원이다. 사탄의 종이 되어 저주 아래 놓였던 우리가, 이제 하나님의 자녀로 불림받는 이 놀라운 은혜 앞에서 우리는 어떤 삶으로 응답하고 있는가? 이 선물을 받았다면, 이제 그 은혜에 걸맞은 삶을 살아야 하지 않겠는가?

첫 번째 대속: 죄의 사슬을 끊고, 영원한 자유를 안기다

죄가 세상에 들어오며 모든 것이 무너졌다. "의인은 없나니 하나도 없으며, 깨닫는 자도 없고 하나님을 찾는 자도 없고"롬 3:10-11. 누구도 스스로 의롭다 할 수 없는 세상에서, 예수님의 십자가는 우리의 유일한 소망이 되었다. 그 구원 사역의 첫 번째 은혜는 대속, 곧 죄의 값을 대신 치르신 일이다. "죄의 삯은 사망"롬 6:23이라 하였기에, 우리는 죽어 마땅했다. 그러나 주님은 그 사망을 대신 짊어지셨고, 우리에게는 생명과 자유를 허락하셨다.

'대속'은 노예나 포로를 몸값을 지불해 해방한다는 뜻으로, 예수님은 사탄의 종 되었던 우리를 자신의 피로 사셔서 자유하게 하셨다. 바울은 이를 "그리스도 예수 안에 있는 속량"이라 말했고롬 3:24, "그의 피로 말미암아 속량 곧 죄 사함을 받았다"고 에베소서에서 선포했다엡 1:7. 그리스도의 피는 우리의 죗값이 되었고, 하나님의 은혜는 그 자유를 값없이 베푸셨다.

예수님이 이 땅에 오신 이유는 단순히 하나님의 사랑을 말하려 하심이 아니다. "자기 목숨을 많은 사람의 대속물로 주려 함이니라"마 20:28 하신 대로, 실제로 죽기 위해 오신 것이다. 십자가 없이는 기독교도, 구원도 없다. 말씀을 가르치는 것만으로는 충분치 않다. 죄의 값을 반드시 누군가가 치러야 했고, 오직 예수님만이 그 속량자이셨다.

당신은 이 대속을 믿는가? 죄의 노예 상태에서 해방된 기쁨을 알고 있는가? 이 은혜는 우리의 공로가 아니라, 전적으로 그리스도의 피와 하나님의 사랑에서 온 것이다. 그러므로 모든 영광은 오직 주님께 돌려야 한다. 예수님의 대속이 우리의 구원이며, 우리의 전부다.

형제가 되신 구속자: 죄의 빚을 갚으신 예수님

유대 사회에서 빚은 무거운 짐이었다. 가난해 빚을 갚지 못하면 채권자의 종이 되어야 했고, 형제 중 누군가 대신 갚아 줘야만 자유를 얻을 수 있었다. "팔린 후에 그를 속량할 수 있나니, 그 형제 중 하나가 속량하거나…"레 25:48. 이처럼 우리도 죄의 빚에 얽매여 사탄에게 팔린 종이었다. 속량이 이루어져야 했지만, 우리의 힘으로는 그 값을 치를 수 없었다. 죗값은 은이나 금이 아니라 생명이기 때문이다. 그렇다면 누가 속전이 될 수 있는가? 인간의 죄를 대속하려면 대속자도 반드시 인간이어야 하며, 동시에 무죄한 자여야 한다. 자기 죄도 감당 못 하는 자가 어찌 남의 죄를 대신하겠는가. 하지만 아담의 후손은 모두 원죄 아래 있으므로 세상에는 무죄한 자가 없다. 그러므로 오직 하나의 길이 있다. 하나님의 아들이 사람이 되어 우리와 형제가 되는 것이다. 그래서 제2위 하나님이신 예수 그리스도께서 성육신하셨다. 예수님은 죄 없는 인간으로 이 땅에 오셔서, 우리의 형제가 되셨다. 그리고 십자가에서 자신의 생명으로 속전을 치르셨다. 그 피는 죄의 대가를 대신했고, 우리를 사탄의 속박에서 해방시켰다. "그리스도 예수 안에 있는 속량으로 말미암아, 하나님의 은혜로 값없이 의롭다 하심을 얻은 자 되었느니라"롬 3:24. 이 대속은 하나님의 사랑의 절정이며, 우리가 누리는 구원의 근거이다.

예수님의 속량 사역은 부활로 완성되었다. 그분은 부활 후 무덤을 찾은 여인들에게 말씀하셨다. "가서 내 형제들에게 갈릴리로 가라 하라"마 28:10. '제자들'이 아닌 '형제들'이라 부르신 이유는, 그들의 죄를 형제의 자격으로 속량하셨기 때문이다. 히브리서도 증언한다. "그러므로 형제라 부르시기를 부끄러워 아니하시고"히 2:11. 예수님은 우리의 형제가 되셔서, 피로 죗값을 갚으셨고, 은혜로 의롭다 하심을 주셨다.

이 구원은 어떤 공로나 노력으로 얻을 수 없다. 오직 그리스도의 공로로만 주어진다. 그러므로 우리는 찬송한다. "주 예수보다 귀한 것은 없네." 이 은혜를 아는가? 형제 되신 예수님이 당신의 죄를 속량하셨음을 믿는가? 자유를 얻은 감격으로 살고 있는가? 이 사랑에 응답하자. 그분만이 우리의 구원자이시다. 오직 예수, 오직 은혜, 오직 주님께 영광이다. 할렐루야.

두 번째 대속: 가난을 품으사, 하늘의 풍요를 선물하다

예수님의 또 하나의 구원 사역은 우리의 가난을 속량하신 것이다. 주님은 온 우주를 창조하신 하나님의 말씀, 곧 하나님 자신이시다요 1:1-3. "땅과 거기에 충만한 것과, 세계와 그 가운데 사는 자들은 다 여호와의 것이로다"시 24:1. 또한 "삼림의 짐승들과 뭇 산의 가축이 다 내 것이며, 들의 짐

승도 내가 아는 것이며, 세계와 거기에 충만한 것이 내 것이라"시 50:10-12고 말씀하신다. 이 말씀 앞에서 우리는 진정으로 부요하신 분이 누구인지 깨닫게 된다. 세상의 부귀도 주님의 풍요 앞에서는 티끌에 불과하다. 그런 주님이 가난한 인간으로 오셨다. "그가 부요하셨으나 너희를 위하여 가난하게 되셨느니라. 이는 그의 가난하심으로 너희로 부요하게 하려 하심이라"고후 8:9. 이 가난은 단지 물질의 부족이 아니다. 죄로 인해 하나님과 단절된 영적 빈곤까지 품으신 사랑이다. 주님은 하늘의 영광을 내려놓으시고, 우리를 위해 자발적으로 가난을 택하셨다. 이는 세상의 부로는 절대 해결할 수 없는 구원의 부요, 천국의 상속, 하나님과의 화해라는 하늘의 선물을 주시기 위함이다.

예수님의 가난은 사랑의 선택이었다. 그분은 우리의 빈 마음을 풍성하게 채우셨고, 하늘의 보화를 우리에게 나눠 주셨다. 주님을 믿는 이의 마음에는 복음과 믿음, 칭의와 구원, 천국과 영생이라는 세상보다 귀한 보화가 자리한다. 이것이 참된 부요함이다.

이제 진정한 부요는 얼마나 가졌느냐가 아니라, 얼마나 나누었느냐로 결정된다. 섬김과 나눔이 주님의 부요를 드러내는 삶의 방식이다. 당신은 가난하지 않다. 주님이 당신의 가난을 대속하셨기 때문이다. 그러므로 감사하자. 주님의 은혜로 우리는 이미 부요하다. 아멘.

세 번째 대속: 채찍에 실린 우리의 질병

예수님의 또 하나의 구원 사역은 우리의 질병을 속량하신 은혜이다. 주님은 로마 병사들의 잔혹한 채찍을 기꺼이 맞으셨다. 피하실 수 있었지만, 우리의 연약함과 질병을 대신 짊어지기 위해 고통을 감당하신 것이다. 성경은 이 놀라운 사실을 분명히 증언한다. "그가 채찍에 맞으므로 우리는 나음을 받았도다"사 53:5. 십자가에서 못 박히시고 창에 찔리신 것은 우리의 죄를 속량하심이었고, 채찍에 맞으신 것은 우리의 질병을 대속하심이었다. 베드로도 같은 고백을 남긴다. "그가 채찍에 맞으므로 너희는 나음을 얻었느니라"벧전 2:24.

예수님께서 받으신 채찍질은 형언할 수 없는 고통이었다. 유대 율법은 40대 이하로 제한했지만, 로마의 채찍질은 무자비했다. 가죽 채찍 끝에는 뼛조각이나 납덩이가 달려 있었고, 그것이 등짝을 내리칠 때마다 살이 찢기고, 피가 뿜어지고, 장기가 드러날 만큼 끔찍했다. 그러나 주님은 그 모든 고난을 묵묵히 감당하셨다. 우리를 낫게 하시기 위해서였다.

마태는 이 사실을 다시 확인한다. "그가 우리의 연약한 것을 친히 담당하시고 병을 짊어지셨도다"마 8:17. '담당하시다'는 우리의 자리를 대신하신 것이고, '짊어지시다'는 우리의 짐을 들어 올리셨다는 뜻이다. 주님은 우리의 죄만이 아니라, 질병까지도 짊어지셨다.

그렇기에 우리는 단지 죄의 용서뿐 아니라, 질병의 회복을 믿음으로 붙들 수 있다. "주님께서 채찍에 맞으심으로 내가 나음을 입었다." 이 복음을 붙들고 믿음으로 선포하라. 주님의 대속은 우리의 영과 혼과 육, 전 존재를 위한 구원이다. 이 놀라운 사랑에 감사하며, 주신 건강으로 하나님께 영광 돌리는 삶을 살아가자.

믿음의 선포: 약속된 치유, 이미 우리 안에 있네

예수님의 대속을 마음으로 믿지 않는다면, 교회를 다녀도 실제 삶에서는 불신자와 다를 바 없다. 몸이 조금만 아파도 곧장 약을 찾고 병원부터 찾는 반응은, 믿음이 아닌 두려움에 뿌리를 둔 경우가 많다. 물론 약을 먹지 말고 병원을 가지 말라는 뜻이 아니다. 중요한 것은 주님의 대속을 마음 깊이 신뢰하고 그 믿음으로 살아가는 것이다.

"그가 채찍에 맞음으로 우리는 나음을 받았다"사 53:5는 말씀을 믿고, 선포하라. 질병은 더 이상 성도를 지배할 수 없다. 때로 질병은 단순한 신체 문제가 아니라, 사탄이 병과 두려움을 이용해 우리를 무너뜨리려는 공격이다. 불순종은 영적 틈을 만들고, 그 틈으로 어둠은 파고든다. 그러나 믿음은 생각에 머무르지 않는다. 입술로 선포하고, 삶으로 드러날 때 능력이 된다. 주님은 맹인의 눈에 침을 바르시고 안수하신 뒤 "보이느냐?"고 물으셨다. "나무 같은 것이 보입니다"라는 그의 대답에, 주님은 다시 안수하셨고 눈은 온전히 회복되었다막 8:22-25. 한 번 기도했다고 낫지 않는다고 낙심하지 말라. 즉시 회복되지 않아도, 의심하지 말고 다시 주님께 나아가라. 믿음으로 다시, 또다시 붙들라. 치유는 하나님의 뜻이다. 구원과 함께 주어진 은혜다.

"네가 나의 계명을 지키면, 내가 너를 치료하는 여호와가 되리라"출 15:26. 하나님은 이미 말씀하셨다. 치유는 약속이다. 이 말씀을 붙들고 믿음으로 선포하라. "나는 주의 은혜로 치유받았다! 내 삶은 더 이상 질병 아래 있지 않다!" 이 고백은 사망과 질병의 사슬을 끊는 능력이다. 주님의 채찍에 실린 사랑이, 오늘도 당신을 자유케 한다.

대속의 완성: 모든 것을 품은, 사랑의 최종 선언

주님의 대속은 우리의 죄와 연약함, 질병까지 짊어지신 완전한 은혜다. 예수님은 십자가에서 채찍에 맞으시며 우리의 질병을 속량하셨고, 그 피로 죄를 씻어 하나님과 화평을 이루게 하셨으며, 가난의 멍에를 깨뜨리시고 풍성한 삶을 허락하셨다. 이제 죄도, 가난도, 질병도 더 이상 당신의 몫이 아니다. 주님께서 이미 모두 짊어지셨다. 이 은혜를 마음으로 믿고, 입으로 선포하며, 행동으로 드러내라. 하나님의 계명을 붙들고 그 약속을 의지할 때, 질병은 떠나고, 가난은 풍요로 바뀌며, 죄의 사슬은 끊어진다. 주님의 대속은 우리의 전 존재를 구원하셨다.

책 제목 『은혜로다 주의 은혜』처럼, 이 은혜는 우리의 모든 결핍을 채우는 거부할 수 없는 사랑이다. 죄로 죽을 수밖에 없던 우리를 구원하시고, 가난에 눌렸던 우리를 자유케 하시며, 질병에 고통받던 우리를 치유하신 분이 바로 예수님이시다. 이 은혜를 확신하며 오늘도 믿음으로 선언하라. "나는 주님의 대속으로 죄에서, 가난에서, 질병에서 해방되었다!" 이 선포는 당신의 삶을 바꾸고 하나님의 풍성한 복으로 이끄는 능력이 될 것이다.

주님의 사랑은 결코 당신을 떠나지 않는다.

그분의 품에 뿌리내리고, 자유와 기쁨으로 나아가라.

그분은 죄와 가난, 질병에서 우리를 건져 내실 뿐 아니라, 삶의 모든 순간을 책임지시며, 지금도 당신의 걸음을 붙들고 계신다.

그 걸음이 멈추지 않도록, 은혜로 오늘도 인도하신다.

제5장
당신을 끝까지 책임지는 분이 있다면 믿겠는가?
시 23:1-6

길 잃은 양처럼 헤맬 때, 들려오는 목자의 음성

예수님의 십자가는 죄와 가난, 질병의 사슬을 끊고 우리를 자유케 하신 대속의 은혜이다. 그러나 그 은혜는 단지 과거의 사건이 아니다. 지금도 살아 역사하시는 주님은, 우리 삶을 끝까지 책임지시는 선한 목자시다. 양은 시력이 약하고 방향 감각도 부족하여, 목자 없이는 홀로 살아가기 어려운 연약한 존재다. 하지만 놀랍게도, 자기 목자의 음성은 분명히 알아듣는다. 낯선 이의 목소리는 단번에 분별하고, 결코 따르지 않는다. 예수님은 이 양의 특징을 비유로 들어 말씀하셨다. "내 양은 내 음성을 들으며, 나는 그들을 알며 그들은 나를 따르느니라"요 10:27.

시편 23편은 바로 이 목자와 양의 관계를 노래한다. "여호와는 나의 목자시니, 내게 부족함이 없으리로다." 다윗의 고백은 한 줄이지만, 평생을 담은 신뢰의 고백이다. 주님은 길을 잃은 우리를 끝까지 찾아오시고, 포기하지 않으신다. 우리가 주님의 음성에 귀 기울이고 따르기만 한다면, 우리는 다시 생명의 길로 인도받게 될 것이다. 혹시 지금 길을 잃고 헤매고 있는가? 마음이 답답하고 어디로 가야 할지 모를 때, 잠잠히 그분의 음성을 들어 보라. 선한 목자 되신 예수님은 오늘도 당신을 부르고 계신다. 그 음성을 듣고 주님의 품으로 돌아오라. 그분 안에 참된 안식과 만족이 있다.

푸른 풀밭, 주님이 예비하신 첫 은혜

목자이신 하나님께서 양들에게 베푸는 첫 번째 은혜는 무엇일까? 바로 "푸른 풀밭"으로 인도하시는 일이다. 다윗은 이 체험을 이렇게 노래했다. "그가 나를 푸른 풀밭에 누이시며, 쉴 만한 물가로 인도하시는도다"시 23:2. 이 구절은 단순한 먹을거리를 넘어 영적 양식의 풍성함을 뜻한다. 유대 땅은 척박하다. 11월부터 4월까지 비가 몇 번 내리지만, 이후 6개월은 가뭄이 이어진다. 드넓은 풀밭은커녕, 바싹 마른 풀이나 질긴 나뭇잎이 전부다. 양이 싱싱한 풀 대신

시든 억새나 수분 없는 아카시아 껍질만 먹는다면 어떻게 될까? 몸은 쇠약해지고 양털은 엉키며 윤기를 잃고, 번식도 하지 못한다. 연약한 양은 그렇게 무기력해진다.

하지만 선한 목자가 양을 푸른 초장으로 인도하면 모든 것이 달라진다. 싱싱한 풀이 가득한 곳에서 양은 물 만난 물고기처럼 기뻐하며 배불리 먹고 만족하며 평안을 누린다. "푸른 풀밭에 누이신다"는 표현은 육체적, 영적 풍족함을 넘어 기쁨이 넘치는 상태를 묘사한다. 주님은 사랑하는 양들을 말씀의 자양분이 풍성한 곳, 교회라는 푸른 초장으로 데려가신다. 거기서 양들은 살이 오르고, 양털은 윤이 나며 튼튼한 새끼를 낳아 목장은 늘 풍요로워진다. 당신은 어떤가? 주님의 말씀, 그 신선한 꼴을 먹으며 만족하고 있는가? "여호와는 나의 목자시니 내게 부족함이 없으리로다"시 23:1. 이 은혜를 누리는 당신은 참으로 복받은 양이다.

쉴 만한 물가, 영혼의 갈증을 씻는 생명수

목자 되신 주님께서 양에게 베푸시는 또 하나의 은혜는 쉴 만한 물가로 인도하심이다. 다윗은 "푸른 초장에 누이시며, 쉴 만한 물가로 인도하신다"시 23:2며, 양의 영육 회복을 노래한다. 배불리 풀을 먹은 양은 목이 마르지만, 깊고 거센 물은 본능적으로 두려워한다. 털이 젖으면 무거워져 일어나지 못하고, 익사 위험도 크기 때문이다. 그러나 좋은 목자는 그런 양의 연약함을 알고, 고요하고 얕은 물가로 인도해 마음껏 마시게 한다. 우리도 인생의 광야를 걷는 나그네와 같다. 이민자의 삶 속 차별과 외로움, 불확실한 미래는 영혼을 메마르게 한다. 그때 주님은 말씀하신다. "누구든지 목마르거든 내게로 와서 마시라. 나를 믿는 자는… 그 배에서 생수의 강이 흘러나오리라"요 7:37-38.

이 생수는 성령이시다. 회개하고 주 예수를 믿을 때, 성령께서 우리 안에 임하시고 갈증을 해갈하신다. 세상의 지식이나 물질로는 채울 수 없는 영혼의 목마름이, 성령의 은혜가 임할 때 씻기고 사라진다. 심령 깊은 곳에서 생수가 솟듯, 근심과 염려는 물러가고 하늘의 평안과 기쁨이 밀려온다. 이사야는 이렇게 예언했다. "여호와가 너를 항상 인도하여 메마른 곳에서도 네 영혼을 만족하게 하며… 너는 물 댄 동산 같겠고, 물이 끊어지지 않는 샘 같을 것이라"사 58:11.

지금 당신의 심령은 어떤가? 메마른 땅을 지친 채 걷고 있지는 않은가?

주님은 오늘도 당신을 쉴 만한 물가로 부르신다. 생명수가 흐르고 성령의 은혜가 충만한 곳으로 인도하신다. 그 인도하심에 순종하여 나아가라. 말씀과 기도 속에서 주님의 음성을 따를 때, 지친 영혼은 반드시 살아날 것이다.

넘어진 영혼, 다시 일으켜 의의 길로

목자이신 주님께서 양들에게 베푸시는 세 번째 은혜는 바로 의의 길로 인도하심이다. 다윗은 고백한다. "내 영혼을 소생시키시고, 자기 이름을 위하여 의의 길로 인도하시는도다" 시 23:3. 푸른 초장에서 배불리 먹고, 쉴 만한 물가에서 회복된 양은 이제 목자의 손에 이끌려 바른길, 안전한 길로 나아가게 된다. 양을 길러 본 경험이 없는 사람은 이 구절을 쉽게 지나칠 수 있지만, 실제로 양을 돌본 이들의 이야기를 들어 보면 이 말씀의 의미가 얼마나 실제적이고 깊은지를 절실히 깨닫게 된다. 양은 겉보기에는 온순하지만, 매우 연약한 존재이다. 특히 털이 무성하고 살찐 양은 쉽게 넘어진다. 문제는 한번 넘어져 네 다리가 허공을 향한 채 버둥거리게 되면, 혼자 힘으로는 일어나지 못하고 시간이 지나면 위장에 가스가 차고 혈류가 막혀 생명을 잃게 되는 위태로운 상황에 처하게 된다는 것이다. 이때 양은 애타게 울며 도움을 청하고, 목자는 그 울음소리를 듣고 달려와 쓰러진 양을 일으켜 세운다. 그래서 목자는 매일 양 떼를 점검하며 한 마리라도 보이지 않으면 "저 양이 뒤집혔구나" 하고 생각하며 즉시 찾아 나선다. 이것이 바로 선한 목자의 사랑이며, 자신의 생명을 걸고 양을 지키는 주님의 마음이다.

우리도 마찬가지다. 죄와 세상의 무게에 눌려 영혼이 넘어질 때가 있다. 아무리 발버둥 쳐도 스스로는 일어설 수 없고, 안간힘을 써도 삶의 무게에 짓눌려 절망에 빠질 때가 있다. 그러나 주님은 우리의 신음소리를 외면하지 않으시고, 넘어져 있는 우리를 찾아와 다시 일으키시는 선한 목자이시다. "내 양은 내 음성을 들으며, 나는 그들을 알며, 그들은 나를 따르느니라"요 10:27 하신 말씀처럼, 주님은 우리를 알고 계시고, 우리를 결코 혼자 내버려두지 않으신다. 그분은 다시 손을 내밀어 일으키시고, 의의 길, 곧 하나님의 뜻 안에 있는 바른길로 우리를 인도하신다. 그것은 단지 우리의 회복만을 위한 것이 아니라, 그분의 이름과 영광을 위한 길이며, 하나님께서 친히 영광 받으시는 은혜의 길이다. 다윗이 "여호와는 나의 목자시니, 내게 부족함이 없으리로다"시 23:1

라고 고백한 그 믿음은, 단순한 위로가 아니라 실제로 삶을 다시 일으키는 강력한 신뢰의 선언이었다.

혹 지금 당신은 넘어져 있는가? 신앙의 열정은 식어가고, 영혼은 메마르며, 기도조차 막혀 있지는 않은가? 거듭난 성도라 해도 언제나 뜨거운 열정으로 비상할 수 있는 것은 아니다. 우리 모두는 영적 침체의 터널을 지나고, 마귀의 간계에 시험당하며, 세상의 실망과 좌절 속에서 무너질 수 있다. 육신의 지침이 영혼의 쇠약으로 이어지는 경우도 많다. 하지만 낙심하지 말라. 당신이 넘어졌다면, 이제 다시 목자 되신 주님을 바라보라. 그리고 마음을 다해 이렇게 기도하라. "주님, 저를 다시 의의 길로 인도해 주옵소서. 이 길이 주님의 이름을 위한 길임을 믿습니다." 그 기도는 결코 헛되지 않으며, 주님은 반드시 응답하신다. 주님은 당신을 버리지 않으시고, 다시 일으키시며, 가장 선하고 안전한 길로 친히 이끄실 것이다. 그러니 오늘, 그 은혜를 신뢰하며 다시 일어서라. 당신을 위한 의의 길은 여전히 주님의 손안에 준비되어 있다.

주의 지팡이 의지하니, 깊은 골짜기라도 평안이라

주님은 우리의 선한 목자이시며, 다윗의 생애를 통해 그 사실을 분명히 드러내신다. 이번 단락은 다윗이 체험한 네 번째 은혜, 곧 위험 속에서의 하나님의 보호를 깊이 묵상하고자 한다. "내가 사망의 음침한 골짜기를 다닐지라도 해를 두려워하지 않을 것은 주께서 나와 함께하심이라. 주의 지팡이와 막대기가 나를 안위하시나이다"시 23:4. 이 고백은 단순한 위로가 아니라, 하나님이 전능하신 보호자이심을 선포한다. 죽음의 위협과 원수의 공격이 임할 때에도 주님은 함께하심으로 두려움을 몰아내시고 우리를 지키신다.

다윗은 수차례 생사의 고비를 넘기며 이 은혜를 실제로 체험했다. 사울이 악령에 사로잡혀 단창을 던졌을 때, 그 창이 빗나간 것은 결코 우연이 아니었다. 보이지 않는 하나님의 손이 그를 지키신 것이다. 다윗은 위기의 순간에도 수금을 타며 찬송했다. 위험 속에서도 주님의 임재를 신뢰하는 믿음의 깊이를 보여 준 것이다. 목자이신 주님은 지금도 우리를 외면하지 않으신다. 그분의 지팡이와 막대기는 고난 속에서도 변함없이 우리를 안위하신다. 다윗의 체험은 오늘 우리에게도 동일한 확신을 준다. 죽음의 골짜기를 지난다 해도, 주님이 함께 계시기에 우리는 결코 두렵지 않다. 결론적으로, 다윗의 고백은 한 가지 강력한 메시지를 전한다. "목자이신 주님은 언제나 우리 곁에 계시며, 어떤 위기 속에서도 우리를 지키신다."

이 진리를 굳게 붙잡고, 오늘도 두려움 없이 담대히 걸어가자.

"여호와는 나의 목자시니 내게 부족함이 없으리로다"시 23:1.

절망 속 간증: 선한 목자의 손길

사망의 음침한 골짜기는 우리의 삶 곳곳에 도사린다. 아이티, 칠레, 이란의 지진은 예고 없이 사람들을 덮쳤고, 일본 후쿠시마에서는 수만 명이 평온한 일상 속에서 갑작스러운 쓰나미에 휩쓸렸다. 토네이도, 사고, 질병—이 모든 위협은 경고 없이 우리를 덮친다.

세계보건기구WHO에 따르면, 코로나-19로 인해 2025년까지 전 세계적으로 1,900만에서 3,600만 명이 사망한 것으로 추산된다. 미국에서만 120만 명 이상이 목숨을 잃었다. 장례조차 치르지 못하고 트럭에 실려 간 시신들, 그 숫자 뒤엔 꿈과 가정이 있었다. 이토록 참혹한 재난은 인간의 연약함을 절실히 보여 준다. 그러나 다윗은 그런 어둠 속에서도 담대히 외쳤다. "내가 사망의 음침한 골짜기를 다닐지라도 해를 두려워하지 않을 것은 주께서 나와 함께 하심이라." 왜 그는 두려워하지 않았는가? 목자 되신 주님이 함께하셨기 때문이다. 주님은 재난 속에서도 결코 양을 버리지 않으신다.

코로나 대유행 당시, 예배마저 위협받는 상황에서 나는 선한 목자의 사랑을 단 한순간도 의심하지 않았다. 뜻을 함께한 교우들과 예배를 지켜 냈고, 바이러스 감염자들이 생겼지만 주님은 우리를 슬픔 속에 방치하지 않으셨다. 오히려 그 환난은 하나님의 은혜를 생생히 체험하는 기회가 되었다. 김 집사의 간증이 그것을 증명한다. 폐질환이 있어 코로나에 더욱 취약했던 그는 감염되었지만, 하나님은 그의 코로나뿐 아니라 고질적인 폐 질환까지 치유해 주셨다. 사망의 골짜기에서도 주님의 은혜는 여전했으며, 그 사건은 살아 있는 간증이 되었다. 예고 없는 재난 앞에서도 주님의 지팡이와 막대기는 언제나 우리를 안전한 길로 인도하신다. 지금 당신이 지나고 있는 골짜기는 어떤가? 혹시 두려움에 사로잡혀 있지 않은가?

선한 목자이신 주님을 의지하라. 어떤 환난이 닥쳐도, 그분은 당신을 홀로 두지 않으신다.

이 확신을 품고 담대히 일어서라. 주님의 보호 아래 있는 자는 안전하다.

기름 부어 존귀케 하시고, 내 잔은 항상 넘치네

목자이신 주님은 단지 우리를 보호하시는 분이 아니라, 우리를 존귀하게 세우시고 영광을 부어 주시는 은혜의 목자이시다. 다윗이 체험한 다섯 번째 은혜는 바로 원수들 앞에서 상床을 차려 주시는 은혜이다. 시편 23편 5절은 이렇게 증언한다. "주께서 내 원수의 목전에서 내게 상을 차려주시고, 기름을 내 머리에 부으셨으니 내 잔이 넘치나이다." "원수들 앞에서 상을 차려주신다"는 말은 단순한 보상이 아니다. 주님께서 우리를 존귀한 손님으로 맞아 잔칫상을 베푸신다는 의미다. 유대 전통에서 귀한 손님에게 머리에 향기로운 기름을 붓는 것은 가장 극진한 환대와 존중의 표현이었다. 누가복음 7장에서, 한 여인이 예수님께 향유를 붓고 머리털로 그분의 발을 씻은 사건은 단지 헌신의 행위가 아니라, 주님 앞에서 우리가 얼마나 존귀한 존재인지를 보여 주는 감동적인 장면이다. 우리의 목자이신 주님은 원수들 앞에서도 우리를 높이시고, 기름을 부으시며, 넘치는 잔을 준비하신다. 이것은 고난 한가운데서도 주님의 사랑과 영광이 결코 떠나지 않음을 보여 주는 은혜의 상징이다. 그러므로 어떤 상황에서도 낙심하지 말라. 주님의 상은 숨겨진 골방이 아니라, 원수의 눈앞에서 베풀어지는 하늘의 승리요, 영광의 표시이다. 기름 부으심의 은혜를 사모하며, 오늘도 존귀하게 여겨 주시는 주님 앞에 감사로 살라. 주님 안에 있는 자는 존귀하다. 그 은혜가 당신의 잔을 다시 넘치게 하리라.

양의 고백: 그 음성 따라, 은혜의 품으로

하나님은 우리의 목자이시며, 우리는 그분의 양이다. 주님은 창세전부터 택하신 양들을, 돈 없고 병들고 낙심한 자를 가리지 않고 부르신다. 이는 그분이 우리를 끝까지 먹이고 돌보시겠다는 약속이다. 성경은 순종과 겸손의 성도를 '양'이라 부른다. 양은 주님의 인도하심을 받는 존재이며,

그 안에서 풍성한 복을 누린다. 양의 첫 번째 속성은 온순함이다. 양은 목자에게 불평하거나 저항하지 않고, 기꺼이 받아들이며 평온히 쉰다. 억울함이나 손해를 당해도 충동적으로 반응하지 않고 주님을 의지한다. 이 온유함이야말로 주님의 돌보심을 받는 첫걸음이다. 또한 양은 목자에게 순종한다. 염소처럼 거스르지 않고, 목자의 인도를 따라간다. 이 순종은 주님의 보호와 은혜를 누리는 데 꼭 필요하다. 양은 목자의 음성을 정확히 분별하는 특징도 있다. 양 된 성도는 말씀을 들을 때, 그것이 주님의 음성인지 아니면 유혹의 소리인지 안다. 그래서 양의 탈을 쓴 이리의 속임수에 빠지지 않고, 초장을 떠나지 않으며, 주님의 뜻을 따르려 한다.

다윗은 이런 양의 삶을 살았다. 그는 말씀에 절대 순종했기에, 생사의 경계를 수없이 넘나들었지만, 끝내 하나님의 은혜와 복을 체험했다. 이 고백은 오늘을 사는 우리에게도 동일하게 적용된다. 하나님은 우리를 택하사 죄를 용서하시고, 믿음과 영생을 주셨다. 또한 천국의 상속자로 세우시고, 매일의 양식과 말씀을 공급하신다. 가정과 교회, 직장이라는 공동체를 허락하시고, 건강과 하늘의 소망까지 더하셨다. 참으로 그분의 은혜는 "헤아릴 수 없고"엡 3:8, 놀랍고 끝이 없다. 그러므로 우리는 시편 23편 1절처럼 고백하며 살아야 한다. "여호와는 나의 목자시니 내게 부족함이 없으리로다." 만일 부족함이 느껴진다면, 두 가지 중 하나일 수 있다. 첫째, 양으로서의 본분을 잊고 깊은 영적 잠에 빠져 주님의 음성을 듣지 못하거나, 둘째, 죄의 유혹에 흔들려 양 무리에서 멀어진 경우다. 깊은 잠에 빠져 있다면 속히 회개하고 깨어 있어야 하며, 유혹에 빠진 자라면 다시 주님의 음성에 귀 기울이고 돌아와야 한다. 그리하여 주님의 인도하심을 따라 살아갈 때, 우리는 가정과 삶, 영혼의 모든 영역에서 부족함 없는 은혜의 삶을 누리게 된다.

"내 평생에 선하심과 인자하심이 반드시 나를 따르리니 내가 여호와의 집에 영원히 살리로다"시 23:6라는 시편 기자의 고백처럼, 우리도 그처럼 온유하고 사랑하며 순종하는 참된 양으로 살아가야 한다. 당신은 주님의 음성을 듣고 있는가? 그렇다면 오늘, 회개하고 주님께로 돌아오라. 그분의 은혜는 지금도 흐르고 있다. 그 은혜는 우리를 목자의 품으로 이끄시고, 죄를 씻으며 상한 마음을 싸매신다. 그 자비를 경험한 자는 다시 일어나 하나님을 찬양하는 삶을 살아가게 된다. 이제 우리도 마음에 이 은혜를 새기고, 어떻게 하나님을 높이며 살아야 할지 깊이 생각해야 한다. 결국 우리 삶에 정말로 남는 것은, 이 은혜 앞에 드리는 진심 어린 고백이다.

제6장

결국 남는 것 - 은혜로다, 주의 은혜

시 103:1-5

여정의 끝에서 울려 퍼지는 단 하나의 고백:
'은혜로다 주의 은혜'

마침내 돌고 돌아 여정의 끝자락. 세상의 소리가 잦아드는 고요한 순간, 당신의 영혼 깊은 곳에서 들려오는 한 마디가 있다. "은혜로다, 주의 은혜." 이 고백은 인생의 시작과 끝, 그 모든 시간을 관통하는 가장 위대한 진리다. 선한 목자의 손길처럼 하나님의 은혜는 메마른 삶에 단비처럼 내려 상처 난 마음을 어루만지고, 회개의 눈물 속에서 순종으로 이끌며, 마침내 온 존재로 주님을 찬양하게 한다. 다윗은 그 압도적인 은혜 앞에 모든 것을 내려놓고 외쳤다. "내 영혼아, 여호와를 송축하라!" 이 외침은 단순한 찬양이 아니었다. 심장의 고동 하나하나, 숨결 하나하나로 하나님을 향해 터져 나오는 영혼 깊은 곳의 절규였다. 그것은 구원받은 자의 응답이며, 용서와 치유를 경험한 이의 벅찬 고백이었다.

다윗은 자신이 받은 은혜를 하나씩 되새기며, "어찌 하나님을 찬양하지 않을 수 있겠는가!" 하는 마음으로 시편 103장을 써 내려간다. 이 은혜는 다윗에게만 주어진 것이 아니라, 오늘 우리의 불안과 상실 속에서도 여전히 생명의 샘물처럼 흐르고 있다. 이 측량할 수 없는 은택을 깨닫는 순간, 우리의 삶은 "기쁨의 소리"렘 33:11로 가득 찰 것이다.

그렇다면 우리를 이토록 감격하게 하는 '은택', 그 은혜란 과연 무엇인가? 시편 103장은 그 자비로운 손길을 생생하게 펼쳐 보여 준다. 우리의 모든 죄악을 용서하시고, 상처 입은 마음을 치유하시며, 절망의 수렁에서 건져 올리시고, 사랑과 긍휼의 면류관을 씌우시는 하나님의 은혜는 하늘보다 높고 바다보다 깊다. 그것은 폭풍 속에서도 우리를 붙드는 단단한 닻과 같으며, 그 은혜에 잠긴 자는 더 이상 침묵할 수 없다. "내 영혼아, 여호와를 송축하며, 그의 모든 은택을 잊지 말지어다"시 103:2라는 부름 앞에 기꺼이 응답하며, 우리의 일상은 자연스레 찬양이 된다. 이제 다윗의 고백을 따라, 오늘 하루를 되돌아보라. 하나님께서 우리의 죄를 씻기시고, 삶을 회복시키시며, 영원한 소망으로 이끄셨음을 기억하라.

그 크신 사랑 안에서, 감사로 이 은혜의 여정을 마무리하자.

터져 나오는 영혼의 외침: "내 영혼아 하나님을 송축하라"

"내 영혼아, 여호와를 송축하라. 내 속에 있는 것들아, 다 그의 거룩한 이름을 송축하라"시 103:1. 다윗의 이 외침은 단순한 찬양이 아니다. 온 존재로 하나님을 높이라는 간절한 부르심이다. 우리는 죄로 죽은 영혼을 가지고 세상에 태어난다. 하지만 주 예수님을 믿고 회개하며 성령을 받을 때, 하나님의 생명이 우리 안에 다시 불어온다. 죽은 영이 살아나 말씀을 듣고, 하나님을 사랑하는 마음이 깊어진다. 그러다 문득 고백하게 된다. "내가 하나님께 무엇으로 보답할까?"시 116:12 그 순간, 우리의 삶은 찬양이 되고, 감사가 되며, 하나님을 따르는 걸음이 된다. 예배의 자리에서, 찬양의 노래가 울려 퍼질 때, 살아난 영혼은 기쁨으로 주님을 높인다. 눈물로, 혹은 손을 들고 온 마음을 다해 찬양한다. 하지만 아직 거듭나지 못한 이는 그 기쁨에 깊이 들어가지 못한 채 머문다. "내 속에 있는 것들아"라는 말은 우리의 전 존재—영, 혼, 육—를 뜻한다. 그러므로 이 모든 것으로 하나님을 찬양하는 것이야말로 참된 예배가 아니겠는가? 오늘, 단 한순간이라도 마음을 다해 주님을 찬양하며, "마음을 다하고 뜻을 다하고 힘을 다하여"신 6:5 그 사랑에 응답해 보자. 이것이 생명을 주신 하나님께 드리는 가장 깊은 찬양이다.

영원히 기억할 약속: "그의 은택을 잊지 말라"

그러면서 시편 103장 2절은 이렇게 권면한다. "내 영혼아 여호와를 송축하며 그의 모든 은택을 잊지 말지어다." 하나님의 은혜를 잊지 않는 것이 신앙의 본질이다. 그러나 안타깝게도 많은 사람들이 처음 받은 불같은 은혜를 간직하지 못한 채 세상으로 돌아가 버린다. 한때는 성령의 불길 속에서 기쁨과 감격으로 날아오르던 이들이 어느새 그 불을 꺼뜨리고, 차가운 재만 남은 채 신앙의 껍데기만 남은 종교인이 되고 만다.

성경은 은혜를 잃는 일이 얼마나 두려운 결과를 초래하는지를 우리 가슴을 쳐서 일깨운다. 은혜를 받고도 그것을 놓치는 것은, 차라리 그 은혜를 모른 채 사는 것보다 더 비참한 결과로 우리를 몰아간다. 모세는 이스라엘 백성의 어리석은 마음을 꿰뚫으며 이렇게 경고했다. "네가 먹어서 배부르고, 아름다운 집을 짓고 거주하게 되며, 네 소와 양이 번성하며, 네 은금이 증식되며, 네 소유가 다 풍부하게 될 때에, 네 마음이 교만하여 네 하나님 여호와를 잊어버릴까 염려하노라"신 8:12-14. 배고프고 힘들 때는 하나님을 찾다가, 배부르고 편해지면 그분을 잊는 우리의 모습이 얼마나 연약하고도 부끄러운가! 그러나 이 자리, 지금 내가 숨 쉬고 있는 이 순간조차 내 힘으로 된 것이 아니다. 눈물로 고백하노니, 오직 하나님의 손이 나를 붙드셨기에 내가 여기 서 있다. 그렇다면 그분의 은혜란 무엇인가? 바로 내 죄를 짊어지시고 십자가에서 피 흘리신 예수님의 사랑이다. "네 생명을 파멸에서 속량하시고, 인자와 긍휼로 관을 씌우시며"시 103:4 그 손길이다. 내가 넘어질 때마다 일으켜 세우시고, 눈물 흘릴 때마다 가슴으로 품어 주신 그 사랑이다. 이 은혜를 떠올릴 때마다 가슴이 뜨거워지고, 눈시울이 붉어진다. 내 영혼아, 어찌 이 은택을 잊을 수 있겠는가? 지금 이 순간, 무릎 꿇고 고백하라. "주님, 나를 구원하신 그 사랑, 결코 잊지 않겠습니다." 이 고백이 우리의 삶이 되고, 노래가 되기를. 그렇다면 이토록 가슴을 뜨겁게 하는 이 은혜, 그 중심에는 무엇이 있을까?

어둠을 가르는 첫 빛줄기: "네 모든 죄악을 사하시며"

이 은혜의 핵심은 무엇일까? 다윗이 깨달은 것처럼, 그것은 우리의 모든 죄악을 사하신 하나님의 크신 사랑이다. "그가 네 모든 죄악을 사하시며"시 103:3. 다윗은 이 놀라운 은혜를 가슴 깊이 새기며 찬양했다. 그는 탁월한 신앙인이었지만, 살인과 간음의 무거운 죄에 빠져 수렁에서 몸부림쳤다. 그러나 하나님은 그의 눈물과 회개를 들으시고, 그 죄를 덮어 주셨다. 이 용서의 은혜가 다윗의 영혼을 뒤흔들었고, 그는 평생 감사와 찬송으로 주님께 나아갔다. 이 죄 사함의 은혜는 오늘 우리에게도 동일하다. 구약의 속죄는 그림자일 뿐이었으나, 예수 그리스도께서 십자가에서 참된 속죄를 이루셨다. "그가 찔림은 우리의 허물 때문이요"사 53:5. 예수님은 우리 죄를 대신 짊어지시고, 피 흘리심으로 하나님의 진노를 감당하셨다. 우리가 회개하며 나아갈 때, 모든 죄가 씻기며요일 1:9, 절망 속에서도 희망으로 살아난다. 우리의 죄책감과 연약함이 아무리 크더라도, 예수님의 보혈은 그것을 덮고도 남는다. 이 놀라운 죄 사함의 은혜를 어찌 잊을 수 있겠는가? 다윗처럼 무릎 꿇어 고백하라. "주님, 저의 죄를 사하셨습니다!" 오늘, 잠시 멈춰 이 은혜를 묵상하며 감사로 주님을 찬양하라. 그분의 용서하심이 우리를 새사람으로 빚으며, 날마다 찬송의 삶으로 인도한다.

   지식이 많고 재물이 넘쳐도 죄 사함 받지 못한 인생은 결국 지옥 문턱에서 비극으로 끝나고 만다. 세상의 모든 영광과 부귀도 죄의 무게를 덮을 수 없다. 그러나 예수님의 십자가는 그 무거운 짐을 거두시고 우리를 자유케 하셨다. 그러므로 죄 사함이야말로 하나님께서 베푸신 첫 번째이자 가장 큰 은혜이다. 이 은혜가 없이는 우리의 삶이 아무리 빛나 보일지라도, 그 끝은 어둠뿐이다. 어거스틴Augustine 354-430은 이런 말을 했다. "우리 앞에 있는 우리의 죄를 인식하지 못한다면 우리 앞에 하나님의 은총은 존재하지 않는다." 우리의 영혼을 찌르는 날카로운 진실이다. 왜 사람들이 교회를 다니면서 감사하지 못하고 원망, 불평하며 사는 것일까? 왜 하나님께서 금하신 비판과 정죄를 거리낌 없이 행하는 것일까? 자기가 죄인이라는 사실을 인식하지 못하기 때문일 것이다. 그들은 거울 속 진짜 자신의 모습을 보지 못했기 때문이다. '나는 죄인이다'라는 깨달음이 없기에, 은혜의 깊이를 헤아리지 못하고 표류하는 것이다.

자신이 죄인임을 아는 것은 단순한 자책이 아니다. 그것은 하나님의 은혜로 들어가는 문이다. 다윗은 살인과 간음의 죄 속에서도 "내가 주의 목전에서 악을 행하였사오니"시 51:4 라며 통곡했고, 그 자리에서 용서의 은혜를 받았다. 우리도 그처럼 내 죄를 정직하게 바라볼 때, "네 모든 죄악을 사하시며"시 103:3 하시는 주님의 음성을 듣게 된다. 이 깨달음이 우리를 겸손케 만들고, 감사로 이끌며, 참된 자유를 준다. 그러니 내 영혼아, 죄 사함의 은혜를 잊지 말라. 내가 죄인임을 고백할 때마다, 하나님의 크신 사랑이 나를 감싸는 그 순간을 기억하며 살아가라!

살아 있는 약속: "네 병을 고치시며"

"네 모든 병을 고치시며"시 103:3. 이 약속은 단순히 육체의 아픔을 넘어, 죄로 찢긴 영혼, 불안과 상실로 얼룩진 마음까지 치유하시는 하나님의 두 번째 은혜를 드러낸다. 히브리어 '라파'는 전능하신 치유자의 손길을 뜻한다. 세상의 의사도 포기한 병, 죽음의 문턱에 선 자라도, 그분 앞에서는 치유되지 못할 상처가 없다. "나는 너희를 치료하는 여호와임이라"출 15:26 하신 음성은 오늘도 우리에게 울려 퍼진다. 예수님은 십자가에서 우리의 죄와 연약함을 짊어지시고, "그가 채찍에 맞으므로 우리는 나음을 받았도다"사 53:5. 그 채찍 자국 하나하나가 우리의 아픔을 대신 감당한 흔적이다. 만성 질환의 고통, 마음의 깊은 상처, 불안 속에서도 이 약속을 붙잡아야 한다. "모든 병"이라 하셨으니, 예외는 없다. 그러니 내 영혼아, 이 치유의 은혜를 되새기며 감사로 나아가라. 오늘, 잠시 멈춰 주님의 부드러운 손길을 묵상하고, 그분께 나의 아픔을 맡기라. 그분은 우리를 새롭게 하시며, 온전한 회복의 길로 인도하신다.

주 예수님의 이름으로 치유를 구하며 기도할 때, 성령의 역사가 시작된다. 어떤 이는 즉시 나음을 받고 기뻤다고 외치지만, 어떤 이는 시간이 지나며 서서히 회복된다. 마치 두통약을 먹은 뒤 통증이 서서히 가라앉듯, 치유의 손길도 때로는 기다림을 요구한다. 하지만 "여전히 아픈데… 약을 먹어야지 기도한다고 낫겠어…"라는 말로 치유의 불을 꺼 버리면 그 은혜가 멈춘다. 치유가 더디 올 때 또 하나의 걸림돌은 회개하지 않은 죄다. 예수님께서 중풍 병자에게 "네 죄 사함을 받았느니라"막 2:5 하신 뒤에야 그를 일으키셨음을 잊지 말라. 죄를 내려놓고 주님께 나아갈 때, 치유의 문이 열린다. 내 영혼아, 이 은혜를 붙잡아라! 주님께서 나를 위해 채찍 맞으신 그 사랑, 나의 모든 병을 고치신 그 능력을 믿고 외쳐라. "주님, 저를 고쳐 주소서!" 기다리며 기도하고, 회개하며 나아가라. 그분의 손길이 닿는 순간, 새롭게 일어설 것이다!

마음의 문을 열 때 임하는 기적, 순수한 믿음의 능력

아프리카의 뜨거운 태양 아래, 수많은 사람들이 집회로 몰려든다. 기차를 타고, 심지어 기차 지붕에 올라타 수백 킬로미터를 달려온다. 먼지와 땀에 찌든 그들의 얼굴에는 한 가지 확신이 빛난다—하나님의 사자가 주님의 능력으로 기도하면 반드시 치유가 임한다는 순수한 믿음. 그들은 힘들게 먼 길을 오며 "네 모든 병을 고치시며"시 103:3 하신 약속을 가슴에 품는다. 집회 주최 측은 강사 목사님을 주님을 섬기듯 교대로 헌신하며 수발하는데, 그 믿음의 열정이 주님의 치유 능력을 끌어당긴다. 온갖 질병—불치병도, 고질병도—이 하나님의 손길 앞에 녹아내린다. 그곳에서는 눈먼 자가 보고, 귀먹은 자가 듣고, 다리 저는 자가 뛰는 기적이 펼쳐진다. 그러나 로컬 교회는 다르다. 말씀을 줄줄 외우고 지식이 넘쳐도, 정작 그 약속이 실제로 이루어진다고는 믿지 않는다. "내 경험으로는 그렇지 않던데…", "상식적으로 그게 가능해?" 하며 스스로 믿음의 문을 잠가 버린다. 그래서 아무리 강력한 치유의 은사가 있어도, 기도에 대한 응답이 약하거나 아예 나타나지 않는다. 예수님께서 고향 나사렛에서 능력을 행하지 않으신 까닭도 그들의 불신앙 때문이었다막 6:5. 믿는 자들이 치유를 받지 못하는 결정적인 이유는 바로 이 불신앙 때문이다. 하나님의 약속을 붙잡기보다 병원과 의술에 지나치게 의지하며, "혹시라도…"라는 두려움에 기대 버린다. 그러나 하나님은 이미 모든 것을 준비해 두셨다. "그가 채찍에 맞으므로 너희는 나음을 얻었나니"벧전 2:24. 이 진리를 어린아이처럼 단순히 믿는 자에게 치유의 문이 활짝 열린다.

내 영혼아, 복잡한 생각을 내려놓아라! 아프리카의 그 순수한 믿음을 보라. 그들은 먼 길을 달려와 "주님께서 고치실 거야!" 외치며 무릎 꿇는다. 그렇게 하라. 병든 몸을 끌고 주님 앞에 나아가, "주님, 저를 고쳐 주세요!"라고 부르짖어라. 의심의 짐을 벗고, 경험의 틀을 깨뜨려라. 하나님은 아버지시다. 자녀의 아픔을 치유하시려 모든 것을 마련하셨다. "아멘, 주님을 믿습니다!" 이 단순한 고백이 당신을 일으킬 것이다!

현대의학의 그늘 아래, 잊힌 치유자

1973년, 이스라엘에서 병원이 파업에 들어갔다. 놀랍게도 그 기간 동안 이스라엘의 사망률이 절반 가까이로 뚝 떨어졌다. 그러다 파업이 끝나고 병원 문이 다시 열리자, 사망률은 순식간에 원래의 갑절로 돌아갔다. 이 기묘한 현상은 무엇을 말하는가? 현대 의료 시스템에 뿌리 깊은 문제가 존재한다는 증거다. 미국에서도 주요 사망 원인 중 하나로 의료사고와 병원 감염이 꼽힌다. 심장병보다 병원으로 인해 목숨을 잃는 이가 더 많다는 통계는 충격적이다. 의술이 인류에 준 혜택은 분명 크다. 그러나 그 이면에 숨은 폐해는 아이러니를 넘어 경종을 울린다. 미국의 의사 로버트 멘델존 Robert S. Mendelsohn, 1926-1988 박사는 양심의 소리로 책『병원에서 살해당한다』를 펴냈다. 그는 고발한다. "현재의 의료방식 90%가 이 땅에서 사라진다면, 인류는 지금보다 더 건강하고 오래 살 것이다. 현대 의료는 만성질환의 90%에 무기력하며, 병을 고치기는커녕 악화시켜 죽음에 이르게 한다." 40년간 환자를 돌본 일본 의사 '곤도 마코토' 역시 한숨 섞인 고백을 남겼다. "병원에 자주 갈수록 불필요한 약과 과잉 의료로 수명이 짧아진다. 암 검진과 수술을 쉽게 결정하지 말라. 병원에 자주 드나드는 사람일수록 일찍 죽는다." 현대의학이 질병 퇴치에 기여한 공로는 인정해야 마땅하다. 그러나 과잉 진료와 이윤 추구로 얼룩진 현대 병원 시스템은 우리로 하여금 다시 생각하게 만든다.

나를 지으신 창조주께 온전히 맡기라

특히 주님을 믿는 성도들이 지나치게 병원에 의지하여 주님이 이루어 주신 치유의 은혜를 누리지 못하는 현실은 안타까운 일이다. 주 예수께서 채찍에 맞으셔서 우리의 질병을 대속하셨음을 믿는 자는 복이 있다. 그런데 우리는 왜 그분의 치유를 구하기보다 사람에게 먼저 달려가는가? "네 모든 병을 고치시며" 하신 그분의 음성은 여전히 우리를 부르시는데, 우리는 병원의 차가운 대기실에서 희망을 붙잡으려 애쓴다. 그러나 기억하라. 주님은 이미 모든 것을 이루셨다. 우리의 연약함을 아시고, 치유의 길을 열어 놓으셨다.

인간 의사는 실수한다. 진단이 틀리기도 하고, 처방이 빗

나가기도 하며, 때로는 더 큰 고통을 남기기도 한다. 왜일까? 그들은 우리를 만들지 않았기 때문이다. 환자의 숨결 하나, 뼈마디 하나도 창조하지 않았기에, 그들의 손은 결국 한계를 가질 수밖에 없다. 그러나 하나님은 다르시다. 그분은 우리의 몸과 영혼을 손수 지으신 창조주이시다. 그분은 우리를 속속들이 아신다. 그러므로 그분만이 우리의 상처를 치유하시고, 부서진 곳을 회복시키실 수 있다. 인간의 손이 닿지 못하는 깊은 곳까지, 하나님의 손길은 도달한다. 그러므로 내 영혼아, 창조주 하나님께 너를 맡기라. 세상의 의술은 흔들릴지라도, 그분의 약속은 결코 흔들리지 않는다. "네 모든 병을 고치시며" 하신 그 음성을 붙들고, 무릎 꿇어 간구하라. "주님, 저를 만드신 분이시잖아요. 제 아픔을 외면하지 마시고 고쳐 주세요." 창조주의 완전한 손길을 믿고 의지하라. 그분이 너를 새롭게 하실 때, 너는 다시 일어설 것이다.

흙을 넘어선 구원: 파멸에서 생명으로

"네 생명을 파멸에서 속량하시고 인자와 긍휼로 관을 씌우시며"시 103:4. 하나님께서 우리에게 베푸신 세 번째 은혜는 바로 이 놀라운 구원의 역사이다. 인간은 육신의 생명과 영혼의 생명으로 구성되어 있다. 창조주 하나님께서 우리 육신을 흙으로 지으셨다는 사실을 성경은 곳곳에서 가르쳐 준다. 창세기 2장 7절이다. "여호와 하나님이 땅의 흙으로 사람을 지으시고 생기를 그 코에 불어넣으시니 사람이 생령이 되니라." 그리고 아담이 죄를 지었을 때 하나님은 아담이 흙으로 만들어졌음을 상기해 주시며 그에게 이렇게 말씀하셨다. "너는 흙이니 흙으로 돌아갈 것이니라"창 3:19. 19세기에 이르러서 원형질을 화학적으로 분해하는 기술이 발전하면서, 사람의 몸을 분석해 보니 땅에 있는 흙에서 발견된 원소들 17종류와 같은 성분으로 사람의 육신을 구성하고 있다는 사실이 밝혀졌다. 사람의 육신이 죽은 뒤, 땅에 묻혀 세균과 벌레들에 의해 완전히 분해되어 몸의 원소들은 다시 흙이 된다. 흙에서 나왔으니 흙으로 돌아간다는 말씀 그대로 되는 것이다. 사실 따지고 보면, 우리는 살아 있는 동안 흙덩이에 불과한 이 육신을 꾸미고 가꾸며 고치고 치장하는 데 너무 많은 시간과 재물을 쏟고 있다.

세상을 바꾸려고 했던 영웅호걸들, 시대의 주인공이 되려고 했던 왕이나 장수나, 부자나 예술가나 하나같이 바람과 같이 사라져 한 줌의 흙으로 돌아가 버리고 말았다. 이것이 흙으로 만들어진 인간의 운명이다. 그러나 주님이 오시면 흙으로 된 몸은 형질이 변하여 주님과 같은 부활의 몸, 곧 신령한 몸으로 바뀌게 된다. 그 몸은 병들지 않고, 쇠하지 않으며, 죽지 않는 영원한 생명의 몸이다. "우리가 흙에 속한 자의 형상을 입은 것 같이 또한 하늘에 속한 이의 형상을 입으리라" 고전 15:49

마르지 않는 은혜의 샘: 좋은 것으로 만족

"좋은 것으로 네 소원을 만족하게 하사 네 청춘을 독수리 같이 새롭게 하시는도다" 시 103:5. 하나님께서 우리에게 베푸신 네 번째 은혜는 바로 이 약속이다. 여기서 말하는 '좋은 것'은 우리의 필요를 채우시는 하나님의 손길을 의미한다. 다윗은 이 진리를 몸소 깨달았다. 그가 간구하며 필요를 아뢸 때, 하나님은 더 좋은 것으로 응답하셨다. 밧세바와의 죄로 깊은 수렁에 빠졌을 때, 다윗은 용서를 구했고 하나님은 그에게 '사죄의 은혜'를 베푸셨다. 압살롬의 반란으로 왕권이 흔들렸을 때도, 하나님은 다윗을 다시 일으켜 '회복의 은혜'를 내려 주셨다. 이 모든 순간, 다윗은 하나님의 사랑을 뼛속 깊이 느꼈다. 그래서 그는 외쳤다. "내 영혼아 여호와를 송축하라! 내 속에 있는 것들아 다 그의 거룩한 이름을 송축하라"시 103:1. 그 찬양은 억지로 짜낸 소리가 아니었다. 은혜를 맛본 자의 뜨거운 고백이었다.

당신도 그렇지 않은가? 하나님의 은혜를 깨닫는 순간, 가슴이 벅차오르고 큰 소리로 찬송을 부르고 싶지 않은가? 찬양은 감사의 향기요, 하나님께 영광을 돌리는 아름다운 길이다. 다윗의 하나님이 바로 우리의 하나님이시다. 그분은 자녀들에게 필요한 것을 아시고, 풍성히 채워 주신다. 하지만 한 가지 꼭 기억하라. 하나님은 우리의 필요를 채우시는 분이지, 끝없는 욕심을 들어주시는 분이 아니시다. 아합 왕 시대, 우상 숭배가 하늘을 찔렀을 때 하나님의 종 엘리야는 "내 말이 없으면 수 년 동안 비도 이슬도 있지 아니하리라"왕상 17:1고 선언했다. 분노한 왕을 피해 그릿 시냇가로 숨었을 때, 먹을 것이 없는 그곳에서 하나님은 까마귀를 보내 떡과 고기를 날랐다. 어떤 사람이 산속 골짜기에서 물을 마시며 "엘리야에게 떡과 고기를 보내 주신 하나님, 나에게도 보내 주세요!"라며 이틀간 부르짖어 기도했다. 과연 보내셨을까? 보내지 않으셨다. 왜냐하면 그것은 그의 필요가 아니라, 욕심이었기 때문이다.

내 영혼아, 하나님의 선하심을 보라! 다윗처럼 네가 진정 필요한 것을 구할 때, 그분은 "우리가 구하거나 생각하는 모든 것에 더 넘치도록"엡 3:20 좋은 것으로 채우신다. 죄에서 구원, 위험에서 보호, 무너진 삶의 회복—이 모든 것이 이미 너에게 주어졌다. 그러니 욕심의 소리를 잠재우고, 감사로 외쳐라. "주님, 좋은 것으로 저를 채우셨습니다!" 그대의 청춘은 독수리처럼 다시 새로워질 것이다!

필요를 아시고 채우시는, 아버지의 마음

인도네시아 섬지방에 부흥의 불길이 타오를 때, 멜테리 형제와 일행은 무더운 날씨 속에서 복음을 전하는 동안 땀과 비에 젖어 옷이 엉망이 되었다. 더럽고 냄새 나는 옷을 갈아입을 틈도 없이, 그들은 괴로움 속에서 하나님께 간절히 기도했다. 다음 날 아침, 놀랍게도 그들의 옷은 깨끗하게 세탁되어 있었다. 하나님께서 그들의 필요를 채워 주신 것이다. 이 이야기를 읽은 한 그리스도인 여행객이 감동을 받아 공항 대합실에서 입은 옷이 세탁되게 해 달라고 간절히 기도했다. 그러나 응답은 없었다. 왜일까? 공항 밖 세탁

소에 가면 될 일을 굳이 하나님께 구할 필요는 없었기 때문이다. 하나님은 우리의 필요에는 응답하시되, 불필요한 욕심까지 채워 주시지는 않는다. 시편 103장 5절 하반부는 "네 청춘을 독수리 같이 새롭게 하시는도다"라고 말씀한다. 독수리가 털갈이를 하여 새롭게 되듯이 네 젊음도 새로워질 것이라는 뜻이다. 모진 비바람과 태풍이 몰려올 때, 대부분의 새들은 두려워 둥지에 숨어 버리지만, 용맹한 독수리는 반대로 비바람을 가로질러 태풍을 뚫고 하늘 높이 비상한다. 그리고 숨어 있는 먹이를 찾아낸다. 그래서 사람들은 독수리를 '새 중의 왕'이라 부르는 것이다.

가슴 뛰는 믿음: 영원한 청춘의 노래

하나님의 은혜 안에서 뜨거운 믿음으로 살아가면, 나이가 들어도 늙지 않는 청춘으로 살 수 있다. 마음이 늙으면 몸도 따라 늙는다. 어떤 이들은 입버릇처럼 "내 나이가 몇인데… 내 나이가 60이 넘었는데… 70인데…"라며 스스로를 한계 짓는 말을 되풀이한다. 그 말들은 자신을 늙게 만드는 부정적인 언어의 덫이 된다. 생각이 늙으면 삶도 빛을 잃는다. 그러나 나이는 단지 숫자일 뿐, 마음먹기에 따라 우리는 언제나 청춘으로 살아갈 수 있다.

사무엘 울먼Samuel Ullman 1840-1924은 마음의 젊음이야말로 진정한 삶의 빛이라고 말한다. 그는 나이를 먹는 것이 곧 늙음을 뜻하지 않으며, 마음속의 이상과 열정을 잃을 때 비로소 늙는 것이라 말한다. 반대로 희망과 꿈, 도전을 향한 열정을 가진 사람은 나이가 많아도 항상 젊음의 생명력을 유지한다고 그의 시 「청춘Youth」에서 노래했다. 함께 음미해 보자.

청춘이란 인생의 어느 한 시절이 아니라
마음가짐 그 자체이니
장밋빛 뺨과 붉은 입술, 탄력 있는 무릎이 아니라
굳센 의지와 풍부한 상상력, 불타는 정열이라네

청춘이란 안락함을 뿌리치고 모험을 택하는 용기요
두려움 앞에서도 물러서지 않는 결기라네
때로는 스무 살 청년보다
예순의 나이가 더 청춘일 수 있지
세월은 피부에 주름살을 새기지만

열정을 잃지 않는 한 마음은 결코 시들지 않으리
근심과 두려움에 젖어 자신감을 잃을 때
비로소 우리의 기백은 꺾이고 마음은 시들어 가지

예순이든 열여섯이든
우리 가슴속 깊은 곳엔
경이로움에 대한 동경과 아이 같은 호기심
삶이라는 경기를 즐기고
기쁨을 찾으려는 열망이 여전히 살아 숨 쉬고 있네
그대와 나의 가슴 한가운데 있는 안테나를 통해
사람들과 주님으로부터 오는
아름다움과 희망, 용기와 힘의 영감을 받는 한
그대는 언제나 청춘이라 부를 수 있으리

그러나 영감의 교류가 끊어지고
정신이 냉소의 얼음과 비관의 눈 속에 갇힐 때
그대는 스무 살이라도 이미 늙은이이지
하지만 지금이라도 머리를 들고
희망의 물결을 다시 붙잡는다면
그대는 여든이라도 여전히 푸른 청춘이라네

이 시처럼, 하나님의 은혜 안에서 꿈과 믿음을 붙잡는 자는, 나이와 상관없이 영원한 청춘으로 다시 날아오를 것이다. 6.25 전쟁의 흐름을 뒤바꾼 더글러스 맥아더 Douglas MacArthur 1880-1964 원수는 이 시를 집무실 벽에 걸어 놓았다 한다. 70세의 나이에, 성공 확률 5000:1이라는 인천상륙작전을 모두의 반대를 무릅쓰고 감행했다. 그는 늙었다고 주저앉지 않았고, 청춘의 마음으로 독수리처럼 날아올라 침략군의 허리를 꺾어 전쟁의 판도를 뒤집었다. 지금 이 글을 쓰고 있는 사람도, 여전히 가슴에 꺼지지 않는 불을 품고 살아가고 있다. 하나님께서 주신 사명은 아직 끝나지 않았고, 나는 오늘도 더 큰 비전을 품고, 새로운 하루를 준비한다. 주님이 함께하시기에, 나는 여전히 독수리처럼 날아오를 것을 믿는다. '아직 젊다'는 말은 단순한 자기 암시가 아니라 믿음의 고백이다, 이 고백에 내 가슴이 뛴다. 이 시처럼, 하나님의 은혜 안에서 꿈과 믿음을 붙잡는 자는, 나이와 상관없이 영원한 청춘으로 다시 날아오를 것이다.

이사야는 노래한다. "비록 젊은이들이 피곤하여 지치고, 장정들이 맥없이 비틀거려도, 오직 주님을 소망으로 삼는 사람은 새 힘을 얻으리니, 독수리가 날개를 치며 솟아오르듯 올라갈 것이요, 뛰어도 지치지 않으며, 걸어도 피곤하지 않을 것이다"사 40:30-31, 표준 새번역. 내 영혼아, 너도 이 약속을 굳게 붙잡아라! 나이의 숫자에 갇히지 말고, 주님께서 너를 다시 일으키시는 그 은혜를 바라보며 기도하라. 주님, 제 청춘을 다시 새롭게 하소서! 하나님은 지금도 꿈꾸는 자를 찾으시고, 지친 자에게 새 힘을 주시며, 은혜 안에서 다시 일어서는 자에게 놀라운 일을 행하신다. 꿈을 잃지 말고, 용기를 내라. 하나님께서 좋은 것으로 너를 채우시며, 독수리의 날개로 하늘을 날게 하신다. 머리를 들고 희망의 구름을 타라—너는 영원한 청춘으로 날게 되리라!

돌아보니 모든 순간, 은혜 아닌 것이 없었네

제1부에서 우리의 구원을 일으키신 이 은혜는, 제2부에서 헌신으로 삶을 새롭게 하였고, 제3부에서 하늘의 찬양으로 우리를 초대한다. 이 은혜는 우리 여정의 시작이요, 마지막이며, 곧 영원의 노래다. 이제 이 은혜를 온 영혼으로 송축하며, 주님의 사랑 앞에 무릎 꿇자. 우리를 감싸신 그분의 은혜는 헤아릴 수 없이 깊고 넓다. 내 영혼이여, 이 은혜를 가슴 깊이 새기고, 날마다 감사로 찬송하며 살아가자.

"내 영혼아 여호와를 송축하라, 내 속에 있는 것들아 다 그의 거룩한 이름을 송축하라, 내 영혼아 여호와를 송축하며 그의 모든 은택을 잊지 말지어다"시 103:1-2. 이 고백이 우리의 삶이 되게 하자. 그분께서 베푸신 은혜를 보라.

"네 모든 죄악을 사하시며"—내 더러운 죄를 씻으신 십자가의 그 사랑.

"네 모든 병을 고치시며"—내 연약함을 고치신 치유의 그 손길,

"네 생명을 파멸에서 속량하시고 인자와 긍휼로 관을 씌우시며"—흙으로 돌아갈 나를 영생으로 이끄신 그 구원,

"좋은 것으로 네 소원을 만족하게 하사 네 청춘을 독수리 같이 새롭게 하시는도다"— 삶을 회복시키신 그 은혜.

이 모든 것이 우리를 위한 주님의 선물이다.

마지막 기도: 영혼의 숨결, 오직 은혜

은혜로다, 주의 은혜!
내 영혼아, 이 사랑 앞에 잠시 멈추어 무릎 꿇고 고백하라—
주님, 감사합니다.
입술에는 찬양이 마르지 않게 하시고,

가슴에는 믿음이 독수리처럼 높이 날게 하소서.
잊지 않게 하소서,
값없이 부어 주신 주님의 모든 은택을,
그리고 주님 안에서 함께 한 날들을…
아멘, 아멘!
이 은혜를 기억하는 삶이
흔들리는 오늘을 붙드는 힘이 되고,
두려운 내일을 여는 소망이 되며,
마침내 주님과 함께할 영원이 되기를.

✱ 후기

강단에서 흘러나온 생명의 말씀, 이제 책으로 만나다

『은혜로다 주의 은혜』는 단순한 글의 모음이 아니다. 오랜 시간 강단에서 흘러나온 말씀과 기도의 결정체이며, 회개의 자리에서 써 내려간 믿음의 고백이다.

머리로만 알던 진리를 가슴으로 붙들고, 삶으로 살아 내야 한다는 부담 속에서 이 원고를 쓰는 동안 여러 차례 멈춰야 했다. 너무 벅차서, 그리고 너무 부족해서. 기도 없이 쓸 수 없는 글들이었다.

이 책은 교훈이 아니라 고백이다. 설명이 아니라 간절한 외침이며, 값싼 위로가 아니라 죄를 깨닫고 돌이켜 회복되는 은혜를 담고 있다. 문장 교정과 정리에 함께해 준 조이스 사모와 편집 도구의 수고에 깊이 감사한다. 그리고 이 책을 펼치는 모든 독자에게도 동일한 은혜가 흘러가기를 기도한다.

　이 책을 덮는 순간, 누군가는 이렇게 고백할 수 있기를 바란다.

　"결국, 은혜가 내 삶의 주인을 바꾸었습니다."

　이 책의 시작도, 끝도 오직 하나님의 은혜이다. 아멘.

강신용 목사의 저서

전인 구원 256면 / 12,000원

저자는 책 전체를 통하여 기독교 구원의 실체를 개인과 교회, 오늘날의 종교 통합 운동, 그리고 그 경향에 따른 다원주의 등을 명쾌하게 분석, 해부하고 성경을 바탕으로 올바른 길을 제시하고 있다. 오늘날 고전적 전도 방법인 '사영리'나 '전도폭발'에 있어서의 영접 기도의 위험성에 대한 지적은 성경에 깊은 연구나 영적으로 밝은 목회자가 아니면 지적하기 어려운 부분이다. 성령의 거듭남이 영생과 영벌을 가름한다는 기본 진리가 새삼스럽게 다가와 느끼도록 하는 책이다.

믿음의 보화들 272면 / 12,000원

흔히 지금을 늦은 비 시대, 혹은 하늘 문이 열리는 마지막 때라고 말들을 한다. 그래서인지 천국과 지옥에 대한 신비한 간증들이 넘쳐나고 있는데, 간과할 수 없는 것은 수많은 그리스도인들이 불못에서 고통을 받는다는 것이다. 만일 그것이 사실이라면 바로 잘못된 믿음 때문일 것이다. 무엇이 구원의 믿음이고, 성령의 권능이며, 참된 믿음으로부터 오는 신비한 보화들은 무엇인가? 등에 대한 구체적인 진술과 다양한 간증들을 읽다 보면, 한 사람의 그리스도인으로서 이 책을 믿음의 지침서로 삼아도 좋을 것이라는 생각을 하게 된다.

살려면 회개하라 240면 / 14,000원

예수께서는 회개하고 복음을 믿으라고 하셨고, 사도들은 온갖 박해를 무릅쓰고 회개의 복음을 전파했으며, 믿음의 좁은 길을 걸어갔던 수많은 제자들 역시 죄를 버리는 회개와 경건한 삶을 중요시했다. 그러나 지금은 값싼 복음이 횡행하는 가운데 회개하지 않은 이름뿐인 그리스도인들이 너무 많은 시대다. 한 번 믿으면 구원받고, 그 구원은 영원하다는 왜곡된 복음, 죽은 믿음을 붙들고 평생 무능하고 무기력하게 살아가는 나약한 그리스도인들에게 일독을 권하고 싶은 책이다.

믿음의 선한 싸움 240면 / 15,000원

주 예수께서 공생애 전 광야에서 금식하실 때 마귀가 찾아와 주님을 시험했음을 성경은 기록하고 있고(마 4:4), 바울은 우리의 싸움 대상은 사람이 아니라 사탄의 세력이라고 했으며(엡 6:12), 사도 요한은 세상은 악한 자 안에 처해 있다(요일 5:19)고 말했다. 보이지 않는 세계에서 영혼을 두고 벌어지는 선한 천사들과 타락한 천사들 간의 치열한 영적 전쟁의 살상을 파헤쳐, 진리에 갈급한 성도들의 눈에 덮인 비늘을 벗겨 주기에 족한 책이다.